Chinesische Astrologie

Das Lebensglück entdecken

Hinweis

Dieses Buch wurde nach dem aktuellen Wissensstand sorgfältig erarbeitet. Dennoch erfolgen alle Angaben ohne Gewähr. Verlag und Autorin haften nicht für eventuelle Nachteile oder Schäden, die aus den im Buch gegebenen Hinweisen resultieren.

Emil-Hoffmann-Straße 1
D-50996 Köln
Autorin: Sylvia Winnewisser, Wiesbaden
Realisation: Sylvia Winnewisser, Wiesbaden, und K.Design, Wiesbaden
Gesamtherstellung: Naumann & Göbel Verlagsgesellschaft mbH

ISBN 978-3-625-12363-7
www.naumann-goebel.de

Chinesische Astrologie

Das Lebensglück entdecken

Inhalt

Die chinesische Astrologie – Geschichte und Bedeutung

Schon immer und in allen Kulturkreisen beschäftigten sich die Menschen mit den Planeten und Gestirnen und fragten sich, ob diese Einfluss auf das Schicksal von Menschen, Tieren und überhaupt das Leben auf der Erde nähmen. Können Sonne oder Mond, Venus, Jupiter und Mars unseren Charakter bestimmen und unsere Verhaltensweisen beeinflussen?

Dass der Mond wesentlichen Einfluss auf bestimmte irdische Geschehnisse nimmt, erkannten die Menschen sehr schnell. In vielen alten Kulturen wurde der Mond als Gottheit verehrt, der während seiner verschiedenen Phasen das Erdgeschehen durch unterschiedliche Impulse und Energien beeinflusst und so das Leben bestimmt. So auch in China. Darüber hinaus wurde dort vor etwa 5000

Jahren der erste Mondkalender eingeführt. Die Zeitrechnung wurde also nicht, wie im Westen, nach dem Lauf der Sonne, sondern nach dem des Mondes ausgerichtet.

Der chinesische Tierkreis

Damals und noch heute rechnet man in Zyklen – ein Zyklus der chinesischen Zeitrechnung umfasst 60 Mondjahre. – Im Jahr 2009 herrscht der 78. Zyklus der chinesischen Zeitrechnung.

Ein Mondjahr besteht aus zwölf Monaten zu je 29,5 Tagen und beginnt jeweils zwischen dem 20. Januar und dem 20. Februar eines Jahres. Es endet am zweiten Neumond nach der Wintersonnenwende. Alle drei Jahre gibt es ein Schaltmondjahr, da alle zweieinhalb Jahre ein Schaltmonat eingefügt wird, um Fehler, die sich durch unterschiedliche Umlaufzeiten des Mondes um die Erde in der Berechnung ergeben, auszugleichen.

Daher sind die Mondjahre unterschiedlich lang – das chinesische Neujahrsfest findet daher jedes Jahr an einem anderen Tag statt.

Der große Zyklus der 60 Mondjahre wiederum besteht aus fünf Zyklen zu je zwölf Jahren. Die Zahl zwölf hat dabei mehrere Bedeutungen: So wurde das Jahr in zwölf Monate eingeteilt, außerdem ist dies der Zeitraum, den der Planet Jupiter für einen Umlauf um die Sonne benötigt. Darüber hinaus glaubt man in China, dass alle zwölf Jahre Menschen desselben Typs geboren werden.

Jedem Jahr eines kleinen Zyklus wird ein bestimmtes Tier zugeordnet, sodass sich wie in der westlichen Astrologie ein Tierkreis von zwölf ergibt – nur sind es in China andere Tiere als im Westen.

Jedem Jahr eines Zyklus' von zwölf Jahren wird ein anderes Tier zugeordnet. In China sind es andere Tiere als im Westen.

RATTE
1936 1948 1960 1972 1984 1996
SCHWEIN
1935 1947 1959 1971 1983 1995
HUND
1934 1946 1958 1970 1982 1994
HAHN
1945 1957 1969 1981 1993 2005
AFFE
1944 1956 1968 1980 1992 2004
SCHAF
1943 1956 1967 1979 1991 2003
PFERD
1942 1954 1966 1978 1990 2002
SCHLANGE
1941 1953 1965 1977 1989 2001
DRACHEN
1940 1952 1964 1976 1988 2000
HASE
1939 1951 1963 1975 1987 1999
TIGER
1938 1950 1962 1974 1986 1998
BÜFFEL
1937 1949 1961 1973 1985 1997

Die Legende der zwölf Tierkreiszeichen

Wie der chinesische Tierkreis entstanden ist, darüber gibt es eine schöne Legende, die besagt, dass Buddha alle Tiere zu sich rief, als er die Erde verlassen wollte und ein Fest feierte. Doch nur zwölf Tiere kamen, um sich von ihm zu verabschieden. Zuerst die Ratte, dann der Büffel, danach nacheinander Tiger, Hase, Drache, Schlange, Pferd, Schaf, Affe, Hahn, Hund und Schwein. Zum Dank und als Belohnung für ihre Treue benannte Buddha jeweils ein Jahr nach dem Namen jedes einzelnen Tieres. Das Tier sollte nicht nur die Geschehnisse in diesem Jahr mit seinen Eigenschaften bestimmen, sondern auch den Charakter der Menschen, die in diesem Jahr geboren werden. Jedes Tier sollte abwechselnd alle zwölf Jahre an die Reihe kommen, bis ans Ende der Zeit.

So entstand der chinesische Tierkreis, nach dem die Menschen in China noch heute die Horoskope bestimmen und ihren Alltag ausrichten.

In Südostasien findet man oft andere Namen für die Tierkreiszeichen. Hier wird aus der Ratte oft eine Maus, aus dem Büffel ein Ochse, aus dem Hasen eine Katze, aus dem Schaf wird eine Ziege, und statt einem Schwein gibt es ein Wildschwein. Die Charaktereigenschaften der jeweiligen Zeichen sind jedoch unverändert.

Die Bedeutung des chinesischen Horoskops

Die Grundlage der chinesischen Astrologie ist der Taoismus, nach dem der Mensch während seines Daseins auf der Erde eine bestimmte Aufgabe zu erfüllen hat. Es geht um die Harmonisierung und Vereinigung der Energien von Himmel und Erde. Mit dem Horoskop werden Vergangenheit und Gegenwart miteinander verglichen, um damit eine Vorhersage für die Zukunft zu treffen, die bei der Erledigung des Alltagsgeschehens und der übergeordneten Lebensaufgabe jedes Menschen helfen kann. Sämtli-

che Aspekte des Lebens, wie Kindheit, Partnerschaft, Ehe, Beruf, Gesundheit, werden bei der Berechnung und Auslegung des Horoskops einbezogen.

Wie ernst die Menschen in China ihre Astrologie nehmen, erkennt man daran, dass zum Beispiel die Menschen auf dem Land Saat und Ernte nach dem Horoskop richten. Denn mithilfe des Mondlaufs lassen sich Jahreszeiten, Wachstumsphasen und weitere natürliche Ereignisse, wie Dürre oder Überschwemmungen, bestimmen.

Buddha wird als Begründer der chinesischen Astrologie angesehen. Nach der Legende ordnete er jedem Tier ein Jahr zu, in dem es herrschen sollte.

Auch bestimmte Ereignisse bis hin zur Familienplanung werden erst nach Befragung des Horoskops in Verbindung mit den unterschiedlichen anderen Merkmalen (siehe unten) angegangen. So glaubt man zum Beispiel, dass Mädchen, die im Jahr des Feuerpferdes geboren werden, ihrer Familie Unglück bringen. Entsprechend hüten sich chinesische Frauen, ein Kind im Jahr oder Monat des Feuerpferdes zur Welt zu bringen.

Merkmale zur Bestimmung des Horoskops

Bei der Berechnung und Auslegung des chinesischen Horoskops werden nicht nur die Eigenschaften der Tiere des Tierkreises berücksichtigt, sondern auch die Geburtsstunde eines Menschen – die im westlichen Horoskop dem Aszendenten entspricht –, die Jahreszeit, die Qualitäten Yin und Yang und die fünf Elemente Erde, Wasser, Holz, Feuer und Metall.

Der Aszendent – die Stunde der Geburt

In der westlichen Astrologie wird das Zeichen, das in der Stunde der Geburt eines Menschen regiert, als der Aszendent bezeichnet. Dieses Tierkreiszeichen ist verantwortlich für das äußere Erscheinungsbild eines Menschen und die Ausprägung seiner Persönlichkeit.

Ebenso ist es in der chinesischen Astrologie. Auch hier regiert jeweils zwei Stunden eines Tagen ein Tier. Da der Tag dort nicht um 0.00 Uhr, sondern um 23.00 Uhr beginnt, werden den zwölf Tierkreiszeichen folgende Stunden zugewiesen:

23.00 Uhr bis 01.00 Uhr ➡ Ratte
01.00 Uhr bis 03.00 Uhr ➡ Büffel
03.00 Uhr bis 05.00 Uhr ➡ Tiger
05.00 Uhr bis 07.00 Uhr ➡ Hase
07.00 Uhr bis 09.00 Uhr ➡ Drache
09.00 Uhr bis 11.00 Uhr ➡ Schlange

11.00 Uhr bis 13.00 Uhr ➞ Pferd
13.00 Uhr bis 15.00 Uhr ➞ Schaf
15.00 Uhr bis 17.00 Uhr ➞ Affe
17.00 Uhr bis 19.00 Uhr ➞ Hahn
19.00 Uhr bis 21.00 Uhr ➞ Hund
21.00 Uhr bis 23.00 Uhr ➞ Schwein

So kann es sein, dass zwei Menschen, die unter demselben Tierkreiszeichen geboren wurden, unterschiedliche Charaktere haben, weil ihr Aszendent mit seinen Eigenschaften Einfluss auf ihre Persönlichkeit nimmt.

Yin und Yang

Nach der Lehre des Taoismus wird das Leben von den beiden untrennbaren Energien Yin und Yang bestimmt. Diese beiden ziehen sich in ständigem Rhythmus gegenseitig an und stoßen sich ab. Dabei wird die Energie gebildet, die das Leben am Laufen hält, sowohl außerhalb wie inner-

halb eines Menschen. Beide müssen ständig im Gleichgewicht gehalten werden, um die Harmonie und Ordnung im Universum zu gewährleisten. Nimmt eines ab, muss das andere zunehmen und umgekehrt.
Yin und Yang stehen für Nacht und Tag, dunkel und hell, schwarz und weiß, passiv und aktiv, weiblich und männlich, negativ und positiv. Das Yin-und-Yang-Zeichen wird auch als „Ursprung allen Seins“ bezeichnet.

Das Yin-Prinzip ist das lunare Prinzip des Mondes, der Erde und des Wassers oder auch die dunkle, weibliche Kraft in uns. Ihm sind die Tierkreiszeichen Büffel, Hase, Schlange, Schaf, Hahn und Schwein zugeordnet. Menschen, die in einem Yin-Zeichen geboren sind, zeichnen sich durch große weibliche Persönlichkeitsmerkmale wie Fürsorge, Weichheit und Mütterlichkeit aus.

Das Ying-und-Yang-Zeichen stellt den Ursprung allen Seins dar. Yin ist das dunkle, weibliche Prinzip, Yang das helle, männliche.

道法自
天人合

Die Jahreszeiten Herbst und Winter werden ebenfalls dem Yin-Prinzip zugeordnet.

Yang dagegen gehört zur Sonne, zum Feuer und zum Himmel. Es ist das helle und männliche Prinzip, das uns leitet. Seine Tierkreiszeichen sind Ratte, Tiger, Drache, Pferd, Affe und Hund. Der Charakter dieser Menschen ist stark, sie sind aktiv und leidenschaftlich.

Die Jahreszeiten Frühling und Sommer werden dem Yang-Prinzip zugeordnet. Im chinesischen Horoskop werden Yin und Yang abwechselnd den zwölf Tierkreiszeichen zugeordnet. Den einzelnen Elementen wird jeweils einmal Yin und einmal Yang zugeordnet, damit stets ein Ausgleich stattfindet (siehe Kalender ab Seite 250).

Die fünf Elemente

Ebenfalls grundlegend für die Philosophie des Fernen Ostens sind die Lehre der fünf Elemente und deren Wechselbeziehungen untereinander. Nach der Lehre besteht das gesamte Universum aus den fünf Elementen Feuer, Wasser, Holz, Metall und Erde. Alle sind voneinander abhängig. Die traditionelle chinesische Medizin (TCM) geht davon aus, dass auch im menschlichen Körper die fünf Elemente wechselseitig wirken. Sie werden einzelnen Organen zugeordnet. Krankheit entsteht durch Schwächung eines der Elemente.

Die Wechselbeziehungen der Elemente untereinander wird als *ableitend* – aus welchem Element entsteht ein anderes? – und *beherrschend* – welches Element bestimmt ein anderes? – bezeichnet.

Ableitend:

Metall ergibt Wasser, da Metall in Form eines Gefäßes Wasser auffangen kann. Wasser in Form von Regen lässt Pflanzen und Bäume wachsen, das ergibt Holz. – Holz ergibt Feuer, denn ohne Holz kann das Feuer nicht brennen. – Feuer ergibt Erde, denn aus der Asche entsteht wieder Erde. – Aus der Erde wird Metall gewonnen.

Beherrschend:
Wasser beherrscht das Feuer, denn es löscht es. – Erde beherrscht Wasser, denn sie nimmt es in sich auf und hält es in Form von Ufern und Deichen ab. – Holz beherrscht Erde, denn die Bäume halten das Erdreich mit ihren Wurzeln zusammen. – Metall beherrscht Holz, denn mit der Säge werden Bäume gefällt. – Feuer beherrscht Metall, denn es schmilzt bei großer Hitze.

Jedes Jahr, jeder Monat und jeder Tag des Lebens wird einem der fünf Elemente zugeordnet. Im Kalender auf Seite 250 oder bei Ihrem Tierkreiszeichen sehen Sie, welches Element Ihr Geburtsjahr bestimmt.

Seite 25:
Alte chinesische Münzen enthalten oftmals Darstellungen aus der chinesischen Mythologie und Astrologie.

Metall

Dem Element Metall werden Selbstdisziplin, Strenge und Unbeugsamkeit zugeschrieben. Die Menschen, die in einem Metalljahr geboren sind, zeichnen sich durch Ehrgeiz, Zielstrebigkeit und eine große Ausdauer aus, was oft als

Halsstarrigkeit ausgelegt werden kann. Diese Menschen ziehen das Alleinsein vor, ebenso treffen sie ihre Entscheidungen allein und lösen alle Probleme ohne fremde Hilfe. Ihrer intensiven Ausstrahlung kann kaum einer widerstehen, das macht ihren Erfolg aus. Die bestimmende Jahreszeit ist der Herbst.

Wasser

Menschen, die im Element Wasser geboren sind, zeigen, ähnlich wie ihr Element, eine große Beweglichkeit und die Gabe, auch festgefügte Strukturen so lange zu bearbeiten, bis sie nachgeben. Außerdem besitzen sie eine außerordentliche Kommunikationsgabe und die Fähigkeit, sich in die Gedanken anderer einzufühlen und sie zu beeinflussen. So motivieren sie andere, die von ihnen verfolgten

Menschen, die im Element des Wassers geboren sind, ähneln in ihren Eigenschaften den Eigenschaften des Wassers: Sie sind beweglich und anpassungsfähig.

Pläne zu verwirklichen. Sie sind freiheitsliebend, tolerant, aufgeschlossen, nachdenklich und großzügig. Ihre Jahreszeit ist der Winter.

Holz

Mit dem Element Holz werden Selbstvertrauen, Kooperationsbereitschaft und Fortschrittsglaube verbunden.

Holzbestimmte Menschen findet man oft in leitenden Positionen. Mit ihrer Überzeugungskraft bringen sie die Dinge ins Rollen und führen auch schwierige Projekte erfolgreich zum Ziel. Werte wie Ethik und Moral sind ihnen wichtig, ihr Einfühlungsvermögen und ihre Großzügigkeit machen sie bei allen beliebt. Eine Gefahr besteht darin, dass sie sich zu viel zumuten. Das Holzelement wird der Jahreszeit Frühling zugeordnet.

Feuer

Menschen, die im Element Feuer geboren wurden, strahlen Energie und Tatkraft aus, sind fantasievoll, kreativ und innovativ und lieben das Leben. Ihre positive und selbstsichere Ausstrahlung zieht andere Menschen magisch an und motiviert sie nachhaltig. Feuer-Geborene verstehen es, Menschen zu führen und nachhaltig für neue Ideen zu begeistern. Manchmal neigen sie jedoch zu überschießenden Emotionen und großer Ungeduld. Ihre Jahreszeit ist der Sommer.

Erde

Vom Element Erde geprägte Menschen zeichnen sich durch Kompetenz und Zuverlässigkeit aus. Sie sind intelligente und logische Denker, die realistisch durchs Leben gehen und die Dinge so sehen, wie sie sind. Was sie anpacken, hat Hand und Fuß. Individualistisch und unternehmungslustig sind sie zwar, doch eher mit dem Hang zum Konservativismus als zur Revolution. Daher sind sie für Führungsaufgaben gut geeignet. Der Spätsommer gehört zum Element Erde.

So finden Sie Ihr chinesisches Tierkreiszeichen

Um herauszufinden, in welchem Tierkreiszeichen der chinesischen Astrologie Sie geboren sind, schlagen Sie in der Tabelle ab Seite 250 nach. Dort finden Sie auch das Element, das zur Zeit Ihrer Geburt herrschte, und das bestimmende Prinzip Yin beziehungsweise Yang. Den Aszendenten bestimmen Sie nach der Tabelle auf Seite 18.

Beispiel:
Sie sind am 10. Juli 1985 um 12.00 Uhr mittags geboren. Nach der Tabelle ist Ihr westliches Geburtszeichen der Krebs, nach der östlichen Astrologie das Schaf (es regiert den Monat der Geburt).

Das Element des Jahres 1985 ist Holz, das im Jahr Ihrer Geburt herrschende Zeichen der Büffel.

Das zur Stunde der Geburt (12.00 Uhr) herrschende Zeichen ist das Pferd, es ist also der Aszendent.

Die zwölf Tierkreiszeichen: Die Ratte

Die Ratte ist das erste chinesische Mondzeichen.
Chinesischer Name: „Souw (Schu)“
Regierte Stunden: von 23.00 bis 01.00 Uhr
Festes Element: Wasser
Prinzip: Yang
Jahreszeit: Winter
Westliches Sternzeichen: Schütze

Ratte-Geburtsjahre und Elemente
10.02.1948 – 28.01.1949 ➟ Erde
28.01.1960 – 14.02.1961 ➟ Metall
15.02.1972 – 02.02.1973 ➟ Wasser
01.02.1984 – 18.02.1985 ➟ Holz
18.02.1996 – 06.02.1997 ➟ Feuer
06.02.2008 – 27.01.2009 ➟ Erde

Die Ratte wird mit den Attributen charmant, gesellig, humorvoll, fleißig, klug, ehrgeizig und anpassungsfähig, kreativ und treu in Verbindung gebracht. In negativer Ausprägung kann sie berechnend, unwillig, listig, leichtsinnig und eifersüchtig sein.

Das Jahr der Ratte

Das Jahr, in dem die Ratte als Zeichen herrscht, wird in jeder Hinsicht von Aufschwung und Fülle bestimmt. Wer seine Talente und Fähigkeiten geschickt einsetzt und auch sein Geld gut anlegt, kann in diesem Jahr auf allen Ebenen mit Gewinnen rechnen. Das gilt für Privatanleger genauso wie für Börsenmakler und Spekulanten. Jedoch sollten alle Geschäfte sorgfältig geprüft und sämtliche Investitionen gut vorbereitet werden. Bei aller positiven Stimmung ist dennoch kluges und umsichtiges Handeln besonders wichtig. Risiken sollten vermieden werden, denn das Ratte-Jahr wird der Dunkelheit und dem Winter zugerechnet, auch die Gegensätze hell und dunkel, Licht und Schatten wirken jetzt besonders intensiv.

Im privaten Bereich können sich Neuanfänge abzeichnen, die Kreativität wächst, und neue Ideen werden erfolgreich umgesetzt. Zufriedenheit und Harmonie bestimmen den häuslichen Alltag. Kleine Konflikte und Auseinandersetzungen sind schnell beigelegt. Wer jetzt die richtigen Entscheidungen trifft, baut eine stabile Grundlage für spätere Jahre auf.

Die Ratte-Typen

Die fünf beschriebenen Elemente wirken durch ihre besonderen Merkmale auf die Ausprägung der Wünsche und Bedürfnisse sowie auf das geistige Streben eines Menschen, der im Zeichen der Ratte geboren ist.

Die Metall-Ratte, 1960, 2020

Metall-Ratten sind ehrgeizig, verkörpern Tatkraft und Energie, aber auch Idealismus und Impulsivität, und verfügen über ein ausgesprochen gutes Organisationstalent. Daher findet man sie meist in Führungspositionen oder auch in der Politik, wo sie vehement ihre Meinung vertreten. Beruflich kommen sie gut voran. Metall-Ratten haben jedoch auch eine gehörige Portion an Emotionalität und Fantasie, was sich dramatisch äußern kann. Hinter der charmanten und liebenswürdigen Persönlichkeit können sich Eifersucht, Zorn und Besitzgier verbergen.

Die Wasser-Ratte, 1972, 2032

Diese Ratten weisen zu ihren übrigen Eigenschaften auch die spezifischen Wassereigenschaften auf. Sie sind weich, verspielt und überwinden Hindernisse spielend, zum Beispiel in Form von Reisen. Außerdem sind sie sehr wissensdurstig, kommunikativ, geistreich, rhetorisch gebildet, verständnisvoll und fühlen sich unter Menschen wohl. Daher haben sie viele Freunde, sind mitfühlend, tolerant und nachsichtig. Wenn es sein muss, sind sie auch berechnend und bestrebt, ihre Vorteile zu suchen und zu nutzen. Leicht wie Wasser können sie sich auch entziehen, vor allem wenn es darum geht, Schwierigkeiten ins Auge zu sehen.

Die Holz-Ratte, 1924, 1984

Holz-Ratten zeichnen sich durch hohe Erfolgsorientiertheit aus, sie sind über die Maßen ehrgeizig und verfolgen ihre Ziele mit viel Kreativität und Fantasie. Ähnlich wie ihr Element können sie hart oder weich sein, Wärme und Behaglichkeit ausstrahlen. Sie treten souverän und selbstsicher auf, lieben die Ordnung und sind bereit, bei Problemen selbst Hand anzulegen, zumal sie schnell wissen, worum es geht. Wortgewandt treten sie für eine Sache ein. Dabei verlieren sie nie die eigenen Ziele aus den Augen und vor allem nicht ihre Prinzipien. Man muss sie nicht lange bitten, sie sind stets zur Stelle, wenn Not am Mann ist. Dennoch agieren sie genauso gern im Hintergrund. Ihre Hilfsbereitschaft entspringt dem Bedürfnis nach Anerkennung.

Die Feuer-Ratte, 1936, 1996

Menschen, die vom Element Feuer bestimmt werden, sind Freigeister. Sie sprühen vor Energie und Tatendrang. Sie leben im Hier und Jetzt und möch-

Ratte-Geborene sind charmant und gesellig, haben viel Humor und sind ehrgeizig und fleißig. Sie können aber auch sehr berechnend sein.

ten jede Schwierigkeit, die sich ihnen in den Weg stellt, sofort beseitigen. Feuer-Ratten sind gute Führungskräfte, wobei sie zu Herrschsucht neigen. Sie treten für Gerechtigkeit und ein besseres Leben ein und sind stets bereit, neue humanistische Ideen zu vertreten. Zuweilen lassen sie es bei der Umsetzung ihrer Ziele an der nötigen Diplomatie und an Taktgefühl fehlen. Zwar schaffen sie es, andere durch ihr „Feuer" mitzureißen, doch genügt nicht jeder ihren hohen Anforderungen – oft nicht einmal sie selbst. Zu viel Ungeduld kann für die Feuer-Ratten zu Problemen führen.

Die Erde-Ratte, 1948, 2008

Erde-Ratten haben einen sehr bodenständigen Charakter. Sie streben nach Glück und Zufriedenheit in Verbindung mit Ordnung und Sicherheit. Ihr Leben planen sie äußerst sorgfältig und gewissenhaft. Wo bei den Ratte-Geborenen anderer Elemente Kreativität und Fantasie vorherrschen, findet sich bei ihnen eine eher realistische und vernünftige Sicht der Dinge. Beruflicher Erfolg und materielle Werte sind ihnen sehr wichtig. Dabei fehlt es ihnen nicht an der nötigen Kompetenz. Eine gute Arbeitsatmosphäre und ein großer Freundeskreis sind ihnen sehr wichtig, ebenso ihr Ansehen bei anderen. Auch die Versorgung der Familie hat einen hohen Stellenwert. Risiken lieben sie nicht, dagegen agieren sie nach altbewährten Regeln. Die Anforderungen an sich und andere sind hoch, getrieben von Konkurrenzdenken.

Die Ratte im täglichen Leben

Menschen, die im Zeichen der Ratte geboren sind, zeichnen sich durch Charme und Humor aus, sie verfügen über eine hohe Sensibilität, sind besonders liebenswürdig und sehr gesellig. Auf der anderen Seite stecken in ihnen Kämpfernaturen, die ihre Ziele konsequent verfolgen. Sollte es anders kommen, als geplant, bringt das eine Ratte nicht aus der Fassung. Mit der ihr eigenen Ruhe und Gelassenheit meistert sie auch stressige Situationen und behält dabei einen klaren Kopf und alles im Blick.

Auf der Gefühlsebene sind Ratte-Geborene einfühlsam, instinktsicher und äußerst hilfsbereit. Daher sind sie bei ihren Mitmenschen auch sehr beliebt. Andererseits sind die Ratten auch auf Anerkennung und Bewunderung von anderen angewiesen.

Entsprechend ihren Prinzipien leben Ratten verantwortungsbewusst und achten auf ihre Gesundheit. Sie ernähren sich bewusst und treiben viel Sport. Zu viel Stress und Angespanntsein gehen ihnen leicht an die Nerven – dann werden sie gereizt. Probleme und Konflikte werden nicht ausgefochten, sie zeigen sich in körperlichen Beschwerden. Dann kann Essen zum Problemlöser werden, was sich in der Figur niederschlägt. Alles in allem wird Ratten doch ein langes Leben vorausgesagt.

Im Berufsleben sind Ratten sehr karriereorientiert und zielstrebig. Sie verstehen es, ihre Chancen zu nutzen, und geben nie auf, bevor sie nicht erreicht haben, was sie wollen. Meist lohnt sich das auch, und man findet sie auf der Erfolgsleiter im oberen Drittel, auch wenn es manchmal langsam vorangeht oder manchmal auch mit Rückschlägen zu rechnen ist. Ratten lieben die Sicherheit und den Wohlstand – je nach Typ auch mal das Abenteuer und Risiko; sie sind fleißig, ehrgeizig und arbeitsam und verfolgen ihren Weg mit unaufhörlicher Beharrlichkeit, Umsicht und Klugheit, auch wenn er oft außerhalb der eingetretenen Pfade entlangführt. Ratten findet man in den Berufen Banker, Kaufmann oder Vertreter, auch als Schriftsteller oder Journalist.

Ratten, die im Frühjahr und Sommer geboren wurden, genießen das Leben. Sie schöpfen aus dem Vollen und sind in der Lage, ihre Talente einschließlich Charme und Liebenswürdigkeit besser auszubilden als Ratten der zweiten Jah-

reshälfte. Das geht nicht immer gut. Diese Ratten neigen auch zu Leichtsinn, geben zu viel Geld aus und erleiden hierdurch erhebliche Einbußen.

Herbst- und Winterratten sorgen sich mehr – um Familie, Zukunft und Auskommen. Daher gehen sie verantwortungsvoller mit Geld um.

In der Partnerschaft suchen Ratten Sicherheit und Stabilität, auch auf materiellem Gebiet. Daher ist ein wohlhabender Partner stets lieber gesehen als ein armer. Zur Not wird das finanzielle Loch durch eigene Tätigkeiten gestopft.

In Ehe und Familie leben Ratten ihren sprichwörtlichen Familiensinn aus. Sie lieben es, in einer Großfamilie zu leben beziehungsweise diese so oft als möglich um sich zu haben. Potenzielle Ehepartner umgarnt die Ratte mit dem ihr eigenen Charme und Liebreiz, Geist, Witz und viel Humor. Zielstrebig und kämpferisch geht sie auch bei der Partnersuche vor, bis der oder die Auserwählte „angebis-

Seite 40:
Ratten sind klug, charmant und lieben das Leben – besonders wenn sie in der ersten Jahreshälfte geboren sind.

sen“ hat. Ratte-Frauen sind leidenschaftlich und temperamentvoll, sie verlieben sich häufig und gern – was nicht immer zu einem guten Ende führt, denn manchmal lassen sie sich täuschen. In der Partnerschaft sind sie tolerant, haben aber den Partner genauso gern für sich, um ihn zu verwöhnen und zu umgarnen. Langeweile ist in der Liebe ausgeschlossen.

Auch Ratte-Männer lassen in der Liebe nichts anbrennen. Sie lieben attraktive und erfolgreiche Frauen, was dazu führen kann, dass sie sich lange nicht auf eine Partnerin festlegen wollen. Sie genießen das Leben und die Liebe und entscheiden sich oft erst spät für eine Lebenspartnerin. Dann jedoch sind Ratte-Männer häuslich und mutieren zu liebevollen Vätern und treuen Ehemännern. Wenn es sie manchmal noch hinauszieht, um mit Freunden „um die Häuser zu ziehen“, sollte eine verständnisvolle Partnerin das akzeptieren.

Die Ratte und die anderen Zeichen

Ratte:
Da beide Ratten sehr ehrgeizig und durchsetzungswillig sind, können sie gut miteinander umgehen und ein kreatives Team auf allen Gebieten bilden.
Büffel:
Beide ergänzen sich wunderbar, beruflich und privat. Der ruhige, zuverlässige und fleißige Büffel bietet der Ratte einen guten Ausgleich.
Tiger:
Tiger und Ratte können eine harmonische Beziehung führen, die jedoch wenig aufregend für beide Seiten ist.
Hase:
Beide sind sehr gegensätzlich, können aber mit etwas gutem Willen gut miteinander auskommen. Für eine dauerhafte Partnerschaft reicht es oft nicht, dagegen für eine stabile Freundschaft.

Drache:
Beide verfolgen die gleichen Ziele. Mit etwas Feingefühl ergibt sich eine Beziehung, die zu einer glücklichen und leidenschaftlichen Partnerschaft führen kann.
Schlange:
Sie ist der Ratte intellektuell ebenbürtig. Wenn sich beide respektieren und angemessen bewundern, ist eine Beziehung möglich.
Pferd:
Beide haben sehr unterschiedliche Charaktere. Daher sind große Anstrengungen notwendig, damit sie miteinander auskommen.
Schaf:
Ratte und Schaf haben kaum etwas gemeinsam. Sie könnten sich ergänzen, wenn sie es zulassen.
Affe:
Beide sind geistig rege, neugierig und über die Maßen lebens- und abenteuerlustig. Sie verstehen sich ohne Worte und ergänzen sich optimal.

Seite 45:
Ratte-Frauen sind leidenschaftlich und temperamentvoll. Mit ihnen gibt es in einer Partnerschaft keine Langeweile.

Hahn:
Ergibt keine günstige Verbindung, da extreme Kommunikationsschwierigkeiten bestehen. Der Hahn ist der Ratte intellektuell nicht gewachsen.
Hund:
Beide bilden ein wunderbares Paar, das so schnell nicht auseinander zu bringen ist. Sie ergänzen sich auf der geistigen und körperlichen Ebene und in ihrem Kampf um das Gemeinwohl.
Schwein:
Beide verstehen sich gut, sie haben gemeinsame Ziele. Die Beziehung ist von Liebe und Toleranz geprägt.

Die Ratte und ihre Aszendenten

Je nachdem, in welchen Doppelstunden Ratten geboren werden, entwickeln sie sich unterschiedlich, nämlich entsprechend dem Tier, das diese Stunden regiert.

Geboren in den

- *Stunden der Ratte, 23.00 bis 01.00 Uhr:* Diese Ratten sind häuslich, haben ein charmantes Wesen und neigen dazu, eingebildet zu sein.
- *Stunden des Büffels, 01.00 bis 03.00 Uhr:* Der Büffel wirkt schwerfällig auf den leichten Charakter der Ratte. Sie wird ernst und verliert ihr verspieltes Naturell.
- *Stunden des Tigers, 03.00 bis 05.00 Uhr:* Eine ehrgeizige Ratte, die schnell aggressiv und herrschsüchtig wird. Der Tiger-Aspekt kann zu finanziellen Problemen führen.
- *Stunden des Hasen, 05.00 bis 07.00 Uhr:* Der Hase verstärkt Charme und Intellekt der Ratte. Sehr wissbegierige Ratte mit sanftem Wesen.
- *Stunden des Drachen, 07.00 bis 09.00 Uhr:* Ratte mit gutem Geschäftssinn, allerdings auch einem großen Herzen. Ihre Großzügigkeit führt zum finanziellen Desaster.
- *Stunden der Schlange, 09.00 bis 11.00 Uhr:* Begehrenswerte Ratte mit vielen Bewunderern und Verehrern. Die Schlange macht sie aufmerksam Gefahren gegenüber.

- *Stunden des Pferdes, 11.00 bis 13.00 Uhr:* Risikofreudige Ratte, die wegen ihres wankelmütigen Verhaltens stets zwischen Glück und Unglück, Erfolg und Misserfolg schwankt – auch in der Liebe
- *Stunden des Schafs, 13.00 bis 15.00 Uhr:* Ratte mit sehr viel Gefühl, die weniger materiell orientiert ist. Hat Talent, Geschmack und Feingefühl.
- *Stunden des Affen, 15.00 bis 17.00 Uhr:* Unternehmungslustige Ratte mit viel Humor. Ist aber auch verschlagen und trickreich.
- *Stunden des Hahns, 17.00 bis 19.00 Uhr:* Äußerst intelligente Ratte mit der Tendenz, Geld zu scheffeln. Der Hahn-Aspekt verführt dazu, es wieder auszugeben.
- *Stunden des Hundes, 19.00 bis 21.00 Uhr:* Die Ratte strebt nach Reichtum, der Hund dagegen nach hohen Werten. Ratte mit schriftstellerischen Neigungen.
- *Stunden des Schweins, 21.00 bis 23.00 Uhr:* Ratte, die nach Höherem strebt, jedoch von Skrupeln geplagt wird. Fühlt sich schnell ausgenutzt.

Der Büffel

Der Büffel ist das zweite chinesische Mondzeichen.
Chinesischer Name: „Nioh (Nyu)"
Regierte Stunden: von 01.00 bis 03.00 Uhr
Festes Element: Wasser
Prinzip: Yin
Jahreszeit: Winter
Westliches Sternzeichen: Steinbock

Büffel-Jahre und Elemente
11.02.1937 – 30.01.1938 ➡ Feuer
29.01.1949 – 15.02.1950 ➡ Erde
15.02.1961 – 04.02.1962 ➡ Metall
03.02.1973 – 22.01.1974 ➡ Wasser
19.02.1985 – 08.02.1986 ➡ Holz
07.02.1997 – 27.01.1998 ➡ Feuer
26.01.2009 – 13.02.2010 ➡ Erde

Dem Büffel werden die Attribute fleißig, zuverlässig, redegewandt, ausgeglichen, verantwortungsbewusst und zärtlich zugeschrieben. In negativer Ausprägung kann er eigensinnig, stolz, autoritär, pedantisch und kompromisslos sein.

Das Jahr des Büffels

Das Jahr des Büffels wird hart, aber nicht unergiebig. Denn wer in den Jahren vorher fleißig gearbeitet hat, wer ansonsten gewissenhaft, diszipliniert und verantwortungsbewusst ist, wie es der Büffel fordert, der kann nun die Früchte seiner Arbeit ernten. Im chinesischen Horoskop wird das Büffel-Jahr sehr geschätzt, weil es auch den Bauern eine reiche Ernte schenkt, vorausgesetzt, sie haben die Felder vorher gut bestellt. Im privaten Bereich ist die Zeit gekommen, offene Angelegenheiten zu regeln und die Dinge zu ordnen. Nach Büffel-Manier sollte dies jedoch auf konservative Weise geschehen – moderne Ideen liebt er nicht. Es können Kommunikationsprobleme auftreten. Wirtschaftlich geht es aufwärts. Für Büffel-Geborene ist ein Büffel-Jahr eine Herausforderung. Denn jetzt getroffene Entscheidungen beeinflussen ihr Leben dauerhaft.

Die Büffel-Typen

Die Merkmale der fünf beschriebenen Elemente wirken jeweils in besonderer Weise auf die Ausprägung der Wünsche und Bedürfnisse sowie auf das geistige Streben eines Büffel-Geborenen.

Der Metall-Büffel, 1961, 2021

Der Metall-Büffel ist ein typischer Vertreter des Büffel-Zeichens, denn er zeigt die Eigenschaften am deutlichsten: Strebsamkeit, Entschlossenheit, eiserner Wille und Durchsetzungsvermögen bestimmen ihn. Er weiß, was er will, und führt es aus, auch wenn er dabei nicht immer sehr einfühlsam vorgeht; das ist dem Metall zu verdanken. Das Gute an ihm ist, dass man sich hundertprozentig auf ihn verlassen kann. Ohne viele Worte zu machen, ist er da, wenn man ihn braucht. Dann entwickelt er eiserne Kräfte. Allerdings kann er auch sehr eigenwillig, rachsüchtig und arrogant werden, wenn er nicht bekommt, was er will.

Der Büffel gehört zu den besonders zuverlässigen und verantwortungsbewussten Vertretern des Tierkreises. Er kann jedoch auch autoritär, stolz und eigensinnig sein.

Der Wasser-Büffel, 1973, 2033

Diese Büffel bestechen durch ein gutes Organisationstalent, Aufgeschlossenheit und große Flexibilität im Zusammenspiel mit anderen – im Rahmen ihres eigenen konservativen Wertesystems, das jedoch nicht so starr wie das des Metall-Büffels ist.

Sie sind besonders praktisch veranlagt und überaus ehrgeizig. Tatkräftig sind sie bestrebt, jede angefangene Arbeit stets zu Ende zu führen.

Büffel sind – nicht nur in der Natur – gute Arbeitstiere. Eine einmal begonnene Arbeit führen sie um jeden Preis zu Ende.

Hindernisse werden beiseitegeschafft – Gegner durch Geduld und Entschlossenheit mürbe gemacht. Allerdings verlangen sie von anderen den gleichen Einsatz, den sie erbringen. Geschieht dies nicht, können sie verstimmt reagieren.

Der Holz-Büffel, 1925, 1985

Holz-Büffel sind von allen fünf Typen die anpassungsfähigsten. Auch wenn sie fest verwurzelt in konservativen Werten und Vorstellungen sind, sind sie auch progressiven Meinungen gegenüber aufgeschlossen, wenn sie deren Richtigkeit erkennen.

Auch diese Typen sind sehr tatkräftig und können zu Ruhm und Reichtum kommen. Mit großem Einfühlungsvermögen, Taktgefühl und Diplomatie gehen sie mit anderen Menschen um. Ihr Gerechtigkeitsempfinden ist besonders ausgeprägt. Daher sind Holz-Büffel außerordentlich gute Richter.

Der Feuer-Büffel, 1937, 1997

In diesen Typen kocht es buchstäblich. Ein hitziges Temperament, Ungestüm, aber auch Tatkraft, Energie und Arbeitseifer zeichnen sie aus, verbunden mit dem Streben nach Macht und Einfluss. Dennoch können sie sich gut beherrschen, wenn alles nach ihren Vorstellungen läuft. Sie überschätzen sich gern und spielen auch gern mit dem Feuer. Unliebsame Menschen schaffen sie sich schnell vom Leib – Gefühlen anderer stehen sie verständnislos gegenüber. Doch im Großen und Ganzen sind sie umgängliche und faire Zeitgenossen, die sich fürsorglich um ihre Familie kümmern.

Der Erde-Büffel, 1949, 2009

Erde-Büffel sind die langsamsten unter den Büffel-Typen, doch auch die zuverlässigsten. Sie sind praktisch veranlagt, pflichtbewusst, bodenständig und treu. Fantasie und

Kreativität gehören nicht zu ihren Stärken. Sicherheit und Stabilität stehen an oberster Stelle für die Erde-Büffel. Sie wissen um ihre Unzulänglichkeiten und sind bereit, hart zu arbeiten, um dennoch ihre Ziele zu erreichen. Risikounternehmungen liegen ihnen nicht. Und was sie einmal erreicht haben, lassen sie sich von niemandem wieder wegnehmen. Besonders gefühlvoll ist der Erde-Büffel nicht, dennoch liebt er seine Familie aufrichtig.

Der Büffel im täglichen Leben

Das Wesen eines Büffels zeichnet sich durch Freundlichkeit, Bescheidenheit und Zuverlässigkeit aus. Dabei ist er ein ausgesprochener Realist, der nie den Halt unter den Füßen verliert und dabei lieber auf den eingetretenen Pfaden wandelt, als spontan Neues auszuprobieren. Auch wenn er so bei vielen als Langweiler und fantasieloser Pragmatiker gilt, wird doch so mancher sentimentale

Romantiker durch die umsichtige Hilfe und den Rat eines Büffels vor größerem Unglück bewahrt.

Büffel-Geborene sind die Eifrigsten und Produktivsten unter den Tierkreiszeichen. Strebsam und beflissen wollen sie auf geradem Weg nach oben, und das so schnell wie möglich. Dafür ist ihnen keine Anstrengung zu viel. Sie lernen gern und viel und bilden sich regelmäßig weiter. Und oftmals findet man sie in Berufen wieder, in denen Verantwortung gefragt ist und Entscheidungen von großer Tragweite gefällt werden müssen, wie als Jurist, Mediziner oder Architekt. Mit großer Geduld, als freundlicher und aufmerksamer Angestellter arbeiten sie sich nach oben. Dann jedoch möchten sie die Alleinverantwortlichen sein. Widerspruch dulden sie nicht – wer seine Meinung anzweifelt, lernt schnell die unangenehme Seite eines Büffel kennen. Dennoch ist der Büffel nicht unfair oder ungerecht – und stets ehrlich und loyal. Da er alle Vor- und Nachteile einer Entscheidung gründlich abwägt, kann man sich auf seine Urteilskraft durchaus verlassen. Und da er die Sicherheit liebt, wird er niemals unsichere Geschäfte eingehen.

Mit ihrem Geld gehen Büffel äußerst sorgfältig um, denn sie wissen, wie schwer sie es verdient haben. Daher leben sie sparsam und legen auch für später einiges zurück. Jedoch kann niemand behaupten, dass sie geizig seien. Der Büffel kennt die Zinssätze der meisten Banken, und im Spekulieren mit Aktien beweist er sehr viel Sachverstand. Wichtig ist für ihn die Gewissheit, dass er Geld zur Verfügung hätte, wenn er es bräuchte.

Büffel sind sehr anfällig für Magen-Darm-Erkrankungen, denn leider achten sie nicht auf gesunde Ernährung, was bei ihrem Arbeitspensum aber ratsam wäre. Auch die übrigen Bedürfnisse ihres Körpers – was Entspannung und Bewegung angeht – vernachlässigen sie. Das kann sich im Alter rächen, wenn sie nicht frühzeitig umdenken.

In Sachen Partnerschaft nehmen Büffel-Geborene ebenfalls gern das Heft in die Hand. Haben sie einen potenziellen Partner ausgesucht, geht es mit allen Kräften ans Werk der Eroberung. Geschickt, wortgewandt und humorvoll überzeugen sie jeden/jede Unentschlossene/n. Ist der Partner erst mal ins Netz gegangen, erheben Büffel Besitzansprüche und dulden keine Partner neben sich. Auch in der Ehe verlieren Büffel nie den Überblick und handeln stets nur nach reiflicher Überlegung, auch wenn sie viel Zartgefühl und Herzlichkeit im Umgang mit ihren Lieben an den Tag legen. Sie setzen weniger auf Erotik und Verführungskünste, sondern auf solide Werte wie Sicherheit, Zuverlässigkeit und Treue.

Die Büffel-Frau weiß, was sie will, und das ist ein Partner, der sie respektiert, ihr alle Wünsche erfüllt, mit ihr eine Familie aufbaut und ihr Sicherheit und Geborgenheit bietet. Dafür richtet sie ihm ein gemütliches Heim ein. Als Ehefrau ist sie absolut zuverlässig und treu, als Mutter fürsorglich und liebevoll. Dennoch führt sie zu Hause

Seite 59:
In der Partnerschaft sind Büffel absolut treu und dulden keine anderen Partner neben sich.

auch schon mal das Kommando. Das geht so lange gut, bis jemand es wagt, nicht nach ihren Vorstellungen zu handeln. Das kann die Büffel-Frau mit einem Zornesausbruch quittieren. Zu ihren guten Eigenschaften gehören der Sinn fürs Praktische und technisches Geschick.

Beim Büffel-Mann findet man einen gewöhnungsbedürftigen Befehlston, mit dem er seine Mitmenschen gern herumkommandiert. Dabei bleibt er jedoch meist sehr kontrolliert und beherrscht. Lediglich wenn es jemand wagt, seine festen Ansichten anzuzweifeln und dabei noch zweifelhafte Argumente anbringt, kann er seine Selbstbeherrschung verlieren. Freunde hat er daher nicht sehr viele.

Der Büffel und die anderen Zeichen

Ratte:
Ratte und Büffel bilden in jeder Beziehung ein gutes Team. Beide lieben Sicherheit und ein gepflegtes intellektuelles Niveau.

Büffel:
Zwei Büffel passen gut zusammen, doch wird es in ihrer Beziehung wenig Aufregendes geben. Geschäftlich arbeiten sie nach den gleichen Grundsätzen – mit getrennten Verantwortungsbereichen.

Tiger:
Diese Beziehung ist von Verständnislosigkeit und unlösbaren Konflikten geprägt. Daher gehen sich die beiden besser aus dem Weg.

Hase:
Hase und Büffel verstehen sich und können eine gute und solide Beziehung eingehen. Der ruhige, ergebene Hase toleriert den Herrschaftsanspruch des Büffels.

Drache:
Eine Beziehung mit Widerhaken. Man respektiert sich, ist sich intellektuell ebenbürtig. Konflikte stehen an, wenn einer der beiden das Ruder allein übernehmen will.
Schlange:
Büffel und Schlange harmonieren auf allen Ebenen. Das ist die Grundlage einer dauerhaften Beziehung. Die Untreue der Schlange birgt jedoch Risiken.
Pferd:
Zwei unterschiedliche Temperamente, die füreinander nur Unverständnis aufbringen. Nur mit viel Kompromissbereitschaft ist eine Beziehung möglich.
Schaf:
Beide tolerieren einander. Das Schaf ist verträumt, der Büffel eher bodenständig – das passt nicht.
Affe:
Der quirlige und schnelle Affe überfordert den Büffel. Das schafft unüberbrückbare Vorbehalte. Ehrgeizig sind sie beide – das ist die Grundlage für Konflikte im Beruf.

Hahn:
Bei Büffel und Hahn stimmt alles auf Anhieb: Verständigung, gemeinsame Interessen, das Bedürfnis nach Sicherheit und Geborgenheit. Ein Traumpaar.
Hund:
Die Verbindung Büffel und Hund leidet unter Missverständnissen. Beiden fehlt das Mitgefühl. Gemeinsame Interessen gibt es kaum.
Schwein:
Das kann nur eine tragfähig und konstruktive Beziehung werden, wenn beide bereit sind, an sich selbst zu arbeiten. Geschäftlich könnte es besser passen.

Jedes chinesische Tierkreiszeichen ist durch ein entsprechendes Schriftzeichen dargestellt.

Der Büffel und seine Aszendenten

Um herauszufinden, in welchem Aszendenten man geboren ist, muss das Zeichen gesucht werden, dass in den Stunden der Geburt herrschte.

Geboren in den

- *Stunden der Ratte, 23.00 bis 01.00 Uhr:* Ein liebevoller, zärtlicher Büffel, der auch flexibel und kommunikativ ist. Dennoch kein Träumer.
- *Stunden des Büffels, 01.00 bis 03.00 Uhr:* Ein typischer Büffel, der auf allen Ebenen die Befehlsgewalt übernimmt, dabei jedoch selbstbeherrscht bleibt.
- *Stunden des Tigers, 03.00 bis 05.00 Uhr:* Das ist ein Büffel mit viel Temperament, der alles andere als scheu und schüchtern ist.
- *Stunden des Hasen, 05.00 bis 07.00 Uhr:* Ein Büffel mit Feingefühl und Sinn für Kunst. Dennoch hat er zu viele vorgefasste Meinungen.
- *Stunden des Drachen, 07.00 bis 09.00 Uhr:* Drachenähnlich prescht er voran, um ans Ziel zu kommen. Oft ist er ein bisschen zu überheblich.
- *Stunden der Schlange, 09.00 bis 11.00 Uhr:* Hat das Zeug zum Einzelgänger, denn auch die Schlange neigt zu Unbeugsamkeit des Willens.

- *Stunden des Pferdes, 11.00 bis 13.00 Uhr:* Das Pferd verleiht dem Büffel Fröhlichkeit und Ausgelassenheit, sogar den Hang zu Außergewöhnlichem.
- *Stunden des Schafs, 13.00 bis 15.00 Uhr:* Ebenfalls ein kunstsinniger und talentierter Büffel, der es versteht, Geschäfte zu machen.
- *Stunden des Affen, 15.00 bis 17.00 Uhr:* Ein Büffel, der zu Selbstironie neigt. Sieht das Leben mehr von der gelassenen Seite.
- *Stunden des Hahns, 17.00 bis 19.00 Uhr:* Er diskutiert lieber alles erst einmal aus, anstatt zu handeln. Dennoch ein pflichtbewusster Büffel.
- *Stunden des Hundes, 19.00 bis 21.00 Uhr:* Spielt sich gern als Moralprediger auf, was ihn sehr unattraktiv macht. Der Hund wirkt ausgleichend.
- *Stunden des Schweins, 21.00 bis 23.00 Uhr:* Ein durch und durch konservativer Büffel mit hohen Ansprüchen. Dennoch ist er gutmütig und kann – wenn es sein muss – auch genießen.

Der Tiger

Der Tiger ist das dritte chinesische Mondzeichen.
Chinesischer Name: „Hu (Hu)“
Regierte Stunden: von 03.00 bis 05.00 Uhr
Festes Element: Holz
Prinzip: Yang
Jahreszeit: Winter
Westliches Sternzeichen: Wassermann

Tiger-Jahre und Elemente
31.01.1938 – 18.02.1939 ➞ Erde
16.02.1950 – 05.02.1951 ➞ Metall
05.02.1962 – 24.02.1963 ➞ Wasser
23.01.1974 – 10.02.1975 ➞ Holz
09.02.1986 – 28.01.1987 ➞ Feuer
28.01.1998 – 15.02.1999 ➞ Erde
14.02.2010 – 02.02.2011 ➞ Metall

Dem Tiger werden folgende Attribute zugeschrieben: mutig, leidenschaftlich, enthusiastisch, risikofreudig, selbstsicher, großzügig, warmherzig und sensibel. In negativer Ausprägung kann er impulsiv, egoistisch, eigensinnig, eitel, respektlos und streitsüchtig sein.

Das Jahr des Tigers

Tiger-Jahre sind ungestüme Jahre, in denen auf allen Gebieten Umwälzungen und Veränderungen stattfinden; es kann auch zu kriegerischen Auseinandersetzungen kommen (der Erste Weltkrieg begann 1914 in einem Tiger-Jahr). Und dennoch ist alles, was in diesem Jahr geschieht, auf seine Weise außergewöhnlich und wirkt in einer Weise auch reinigend auf die Verhältnisse. Was lange als aussichtslos galt, findet in diesem Jahr vielleicht doch zu einem guten Ende. Mittelmaß gibt es jetzt nicht. Die Menschen sind risikofreudiger und auch impulsiver als sonst, eher geneigt, gute Ratschläge und umsichtiges Verhalten zu vernachlässigen. Ehen werden geschlossen und vielleicht bald wieder geschieden. Beziehungen – sowohl privat wie geschäftlich – werden auf harte Proben gestellt. Reichtümer werden angehäuft, und genauso schnell können sie wieder verloren gehen. Wer zu viel wagt und nicht aufpasst, kann ziemlich tief abrutschen.

Naturkatastrophen mit Überschwemmungen, Erdbeben und Tornados gehören ebenfalls zu den Ereignissen, die ein Tiger-Jahr mit sich bringt.

Dennoch kann man sich in einem Tiger-Jahr wohlfühlen, wenn man es gelassen und mit dem nötigen Humor und Optimismus angeht. Dann können sogar Erfolge winken.

Tiger sind mutig und leidenschaftlich, dabei aber auch großzügig und warmherzig. Ihre Schwächen sind Eitelkeit, Eigensinn und Streitsucht.

老虎

Die Tiger-Typen

Neben den Eigenschaften seines Tierkreiszeichen wird jeder Tiger-Geborene zusätzlich von den Merkmalen eines der fünf Elemente bestimmt, die im Jahr seiner Geburt wirksam waren.

Der Metall-Tiger, 1950, 2010

Metall-Tiger sind besonders aktive und aggressive Vertreter ihres Zeichens. Dementsprechend pflegen sie ihren Egoismus und stellen sich immer ins rechte (Rampen-) Licht. Sie können Höchstleistungen erbringen, wenn sie wollen. Zur Durchsetzung ihrer Wünsche und Ziele wählen die Metall-Tiger den direkten Weg und setzen sie oft auf unorthodoxe Weise um. Sie neigen zu Ungeduld und Selbstüberschätzung, sind freiheitsliebend und trotz ihres unbeugsamen Elements überraschenderweise auch leicht zu beeinflussen.

Der Wasser-Tiger, 1962, 2022

Dieser Typ vereint die ruhigen, gelassenen Eigenschaften des Wassers mit einem vorzüglich arbeitenden Verstand, hervorragender Intuition und einem guten Einfühlungsvermögen. Mit Menschen kann er gut umgehen. Er ist neuen Ideen gegenüber aufgeschlossen, doch wägt er jedes Vorhaben realistisch ab. Fehlentscheidungen unterlaufen ihm selten. Seine Schwäche ist, dass er manchmal zu lange zögert. Doch von den anderen Tigern ist er der, der sich am besten selbst beherrschen kann.

Der Holz-Tiger, 1974, 2034

Der Holz-Tiger ist ein ausgeglichener, umgänglicher und toleranter Typ. Er bewegt sich sicher in der guten Gesellschaft, ist fröhlich, gesellig und charmant und dort auch beliebt. Doch seine Freundschaften sind eher oberflächlicher Natur. Er schaut zu sehr auf das Äußere. Seine Stärken liegen im Manipulieren anderer und im Weitergeben von Verantwortung. Stabile Verhältnisse liebt er nicht. Sich selbst überschätzt er gern – was er ungern zugibt.

Der Feuer-Tiger, 1926, 1986

Seinem Namen entsprechend sprüht dieser Tiger vor Enthusiasmus und Temperament. Er ist ständig auf dem Sprung, auf zu neuen Taten, die er mit Verve und Optimismus und sehr viel Theatralik umsetzt. Was er anpackt, wird beeindruckend – so braucht er es. Seine Power ist mitreißend, er verfügt auch durchaus über gute Führungsqualitäten. Er versteht es, durch sein Talent und die Brillanz, mit der er vorgeht, die anderen zu begeistern und mitzureißen. Der Feuer-Tiger lebt im Hier und Jetzt und ist von dem, was er tut, überzeugt. Bei allem Feuer ist er dennoch ein sehr sinnlicher Typ.

Tiger, die vom Element Feuer bestimmt werden, weisen eine ganz besondere Begeisterungsfähigkeit auf.

Der Erde-Tiger, 1938, 1998

Erde-Tiger sind die idealistischsten und intellektuellsten unter den fünf Typen. Sie haben großes Verantwortungsbewusstsein und vernünftige Ansichten. Darüber hinaus sind sie stets auf der Suche nach Wahrheit, Gerechtigkeit und Gleichheit. Mit diesen Eigenschaften üben sie auf ihre Umwelt eine unwiderstehliche Anziehungskraft aus. Beziehungen zu anderen Menschen sehen sie jedoch unter dem Aspekt der Zweckmäßigkeit, weniger des Gefühls. Das Element Holz weckt in ihnen das Bedürfnis nach gesellschaftlicher Anerkennung. Dafür sind sie bereit, ernsthaft und hart zu arbeiten.

Der Tiger im täglichen Leben

In China ist nicht der Löwe, sondern der Tiger der König der Tiere. Wer sein Bild an die Wand hängt, dem soll Schutz vor bösen Geistern und schweren Krankheiten gegeben sein. Wie sein Bruder aus dem Tierreich ist der Tiger kraftvoll und mutig, er steckt voller Temperament und Angriffslust. Elegant und mit geschmeidigen Bewegungen schreitet er durch das Leben, nimmt auch die kleinste Veränderung in seiner Umgebung wahr und geht ihrer Ursache neugierig auf den Grund – wie eine Katze dies tut.

Der Tiger ist immer auf der Suche nach der Herausforderung, um seine Kraft und Stärke mit anderen zu messen. Er ist selbstbewusst – manchmal bis zur Selbstüberschätzung –, Schüchternheit kennt er nicht. Hat er einmal die Witterung aufgenommen, stellt er sich jeder schwierigen Situation und kämpft, ohne groß darüber nachzudenken, ob das gut geht.

Sein Kampf kann sich gegen soziale Missstände und Ungerechtigkeit richten, für seine politische Überzeugung oder für eine Idee, die er im Kopf hat. Dank seines guten Selbstbewusstseins schrecken ihn Misserfolge nicht. Einer Raubkatze würdig schüttelt er sich kurz, steht auf und wendet sich dem nächsten Abenteuer zu. Für diesen Mut lässt er sich gern bewundern und feiern. Nicht umsonst findet man unter den im Sommer geborenen Tigern große Rebellen und Führungspersönlichkeiten, die Winter-Tiger sind insgesamt etwas ruhigere Vertreter ihres Zeichens.

Beruflich sucht der Tiger die Herausforderung, ein bisschen Abenteuer und neue Aufgabengebiete. Er glaubt zu jeder Zeit an sein Können und steuert das angepeilte Ziel mit großen Schritten an. Hindernisse räumt er kraftvoll aus dem Weg, wenn sich ihm überhaupt welche in den Weg stellen.

Unter den Tiger-Geborenen findet man daher oft Ingenieure, Forscher, Staatsanwälte, Kriminalbeamte oder selbstständig Arbeitende. Am liebsten sind sie nämlich selbst der Chef und kämpfen auch als Vorgesetzte für Gerechtigkeit und Fortschritt. Aber auch als Reisende und Verkäufer machen Tiger ihre Arbeit gut.

Ihrem Wesen entsprechend gehen Tiger sehr großzügig und manchmal etwas zu spontan beim Geldausgeben vor. Doch genauso schnell sind sie natürlich in der Lage, wieder welches zu beschaffen. Im Winter geborene Tiger sind insgesamt etwas sparsamer und vernünftiger bei ihren finanziellen Transaktionen.

Da Tiger stets mit voller Kraft agieren und dabei sind, läuft der gesamte Organismus ständig auf Hochtouren. Da muss ab und zu eine Pause eingelegt werden, sonst streiken Herz und Kreislauf. Wenn der Tiger das rechtzeitig erkennt und sich eine Auszeit gönnt, kann er damit auch seinen gesundheitlichen Problemen aus dem Weg gehen. Und wenn es doch einmal zu ernsthaften Erkrankungen kommt, zeigt sich die Kämpfernatur. Meist steht er schnell vom Krankenbett wieder auf – zu neuen Taten bereit.

Sperrt man einen Tiger jedoch ein, reagiert er wie sein tierisches Vorbild im Käfig mit allerhand psychosomatischen Symptomen.

Eine Partnerschaft einzugehen ist für den Tiger kein Lebenszweck. Der Tiger-Mann ist immer auf der Suche nach neuen Liebesabenteuern. Doch hat er eine erobert, hält er bereits nach der Nächsten Ausschau. Denn wenn er eines hasst, dann ist es Treue. Daher ist die Ehe für einen Tiger-Mann nicht erstrebenswert. Hat er sich dann doch eine Partnerin ausgesucht und für die Ehe entschieden, dann steht er zwar hinter seiner Partnerin, doch nur, wenn diese ihm auch tolerant begegnet.

Tiger-Geborene sind in der Ehe sehr aufmerksam und sorgen für Abwechslung im Alltag. Im Grunde ihres Herzens sind sie romantische Schmusekatzen. Sie lieben intelligente Partner mit Geschmack. Daher suchen sie sich meist die erlesensten Exemplare des anderen Geschlechts aus. Fühlen sie sich betrogen, können Tiger sehr eifersüchtig werden und dies auch temperamentvoll kundtun. Später tut ihnen ihr Misstrauen leid.

Die Tiger-Frau schafft es, jeden Mann mit ihrem Charme und ihrer ansprechenden Art um den Finger zu wickeln.

Bei Partys steht sie schnell im Mittelpunkt und lenkt die Blicke aller auf sich. Bei der Wahl ihrer Liebhaber ist sie nicht kleinlich. Gewohnt, das Heft in der Hand zu halten, geht sie entschlossen auf den Auserwählten zu und flirtet hemmungslos. Doch bei einem allein bleibt es fast nie – sie liebt die Gefahr. Wer sie mit einem Trauschein an sich binden will, muss ihr ihre Freiheiten lassen. Wenn erst Kinder da sind, wird auch die Tigerin ihre Mutterinstinkte entdecken, und dann liebt sie ihre Kinder über alles.

Tiger-Statuen säumen in China viele Plätze und Gebäude als Zeichen von Mut, Tatkraft und Entschlossenheit.

Der Tiger und die anderen Zeichen

Ratte:
Beide haben wenig gemeinsame Interessen. Lediglich auf der geschäftlichen Ebene können sie sich ergänzen. Privat wird das Verhältnis eher kühl sein.

Büffel:
Es kracht gewaltig, wenn sich Tiger und Büffel treffen. Konflikte und Missverständnisse sind auf ihrem gemeinsamen Weg vorgezeichnet. Daher sollten sie sich besser aus dem Weg gehen.

Tiger:
Die Beziehung zweier Tiger sprüht vor Temperament und Leidenschaft. Das ermüdet schnell. Mit ein bisschen Bedacht kann es gut gehen.

Hase:
Tiger und Hase haben wenig gemeinsam. Zwar gibt es keine Animositäten, doch es breitet sich schnell Langeweile in der Beziehung der beiden aus.

Drache:
Zwei starke Persönlichkeiten, bei denen Machtkämpfe zur Tagesordnung gehören. Sind diese geklärt, können Respekt und Kooperation einziehen.
Schlange:
Mit einer Schlange kann der Tiger gar nichts anfangen. Sie ist ihm gleichgültig.
Pferd:
Beide passen in jeder Beziehung gut zueinander, geistig, körperlich und geschäftlich. Ein sehr erfolgreiches und glückliches Paar.
Schaf:
Zwar ist das Schaf den Eskapaden des Tigers gegenüber sanftmütig und geduldig. Doch einer tiefen Beziehung fehlt auf Dauer die Grundlage.
Affe:
Beide Zeichen sind sehr gegensätzlich und haben wenig gemeinsam. Nur mit viel Toleranz und Verständnis ist eine harmonische Beziehung möglich.

Hahn:
Beide verstehen sich gut. Könnte eine solide Beziehung sein oder in totaler Gleichgültigkeit enden, je nach Ausprägung der einzelnen Eigenschaften.
Hund:
Hier sind Grundlagen für eine Traumpartnerschaft vorhanden, sowohl privat wie geschäftlich. Die Kommunikation klappt bestens.
Schwein:
Kann auf allen Gebieten eine erfolgreiche und glückliche Beziehung werden, wenn sich beide in ihren unterschiedlichen Persönlichkeiten akzeptieren.

Der Tiger und seine Aszendenten

Zusätzlich zu den Tiger-Eigenschaften bringt der Aszendent weitere interessante Merkmale der Tiger-Persönlichkeit zum Ausdruck.

Seite 83:
Mit einem Hund- oder Schwein-Geborenen versteht ein Tiger sich besonders gut.

Geboren in den

- *Stunden der Ratte, 23.00 bis 01.00 Uhr:* Dieser Tiger hat es faustdick hinter den Ohren. Er liebt Versöhnungen, daher streitet er zu gern.
- *Stunden des Büffels, 01.00 bis 03.00 Uhr:* Ein willensstarker Tiger mit viel Temperament. Die Ruhe des Büffels wirkt besänftigend – zum Glück.
- *Stunden des Tigers, 03.00 bis 05.00 Uhr:* Zwei vom selben Schlag. Da fliegen nur so die Fetzen – außerdem ist dieser Tiger sehr launisch.
- *Stunden des Hasen, 05.00 bis 07.00 Uhr:* Immer noch ein Heißsporn, aber mit Hang zur Vernunft. So gibt es weniger Ärger bei seinen Entscheidungen.
- *Stunden des Drachen, 07.00 bis 09.00 Uhr:* Der Drache wirkt hier wie ein Verstärker für die Tiger-Eigenschaften. Hat das Zeug zu einem guten Vorgesetzten.
- *Stunden der Schlange, 09.00 bis 11.00 Uhr:* Ein Tiger, der das Zeug zum Diplomaten haben kann, wenn er die besonnenen Schlange-Eigenschaften annimmt.

- *Stunden des Pferdes, 11.00 bis 13.00 Uhr:* Einerseits weckt das Pferd Vernunft und praktisches Gespür im Tiger, andererseits läuft das Ganze sehr oberflächlich ab.
- *Stunden des Schafs, 13.00 bis 15.00 Uhr:* Die Sanftmut des Schafs kann im Tiger Milde und Kreativität wecken. Andernfalls tendiert er zu Habgier und Eifersucht.
- *Stunden des Affen, 15.00 bis 17.00 Uhr:* Mit dem Affen als Aszendenten kann der Tiger seine Kräfte mit Bedacht ausleben. Das kann zum Erfolg führen.
- *Stunden des Hahns, 17.00 bis 19.00 Uhr:* Der Hahn verstärkt den Tiger in seinem Durchsetzungsvermögen und führt ihn geschickt durch alle Krisen.
- *Stunden des Hundes, 19.00 bis 21.00 Uhr:* Ungewöhnlich sanfte Tigerpersönlichkeit mit gesundem Menschenverstand. Dennoch ein scharfzüngiger Diskussionspartner.
- *Stunden des Schweins, 21.00 bis 23.00 Uhr:* Ein eher unbedarfter Tiger, der zufrieden und glücklich ist, wenn sein Wille geschieht. Ansonsten wird er bösartig. Liebt Familie und Freundeskreis.

Der Hase

Der Hase ist das vierte chinesische Mondzeichen.
Chinesischer Name: „Thu (Tu)"
Regierte Stunden: von 05.00 bis 07.00 Uhr
Festes Element: Holz
Prinzip: Yin
Jahreszeit: Frühling
Westliches Sternzeichen: Fische

Hase-Jahre und Elemente
19.02.1939 – 07.02.1940 ➟ Erde
06.02.1951 – 25.01.1952 ➟ Metall
25.01.1963 – 12.02.1964 ➟ Wasser
11.02.1975 – 30.01.1976 ➟ Holz
29.01.1997 – 16.02.1988 ➟ Feuer
16.02.1999 – 03.02.2000 ➟ Erde
03.02.2011 – 22.01.2012 ➟ Metall

Der Hase wird mit folgenden Eigenschaften beschrieben: Er ist friedliebend, ehrlich, gesellig, lebenslustig, klug, treu und gastfreundlich. In negativer Ausprägung kann er misstrauisch, zynisch, egozentrisch, besitzergreifend und feige sein.

Das Jahr des Hasen

Nach dem turbulenten Tiger-Jahr voller Aktivismus und Kampfeslust heißt es im Jahr des Hasen ausruhen und genießen. Auf allen Ebenen geht es gemäßigt und freundlich zu. In politischer Hinsicht stehen Menschlichkeit und humanitäres Handeln im Vordergrund. Die internationalen Beziehungen werden konfliktfrei gestärkt, unangenehme Verhandlungen verschoben.

Im privaten Bereich stehen Glück und Zufriedenheit sowie das Gründen beziehungsweise das Wohl der Familie im Vordergrund. Allerdings besteht die Gefahr, dass sich der Hase-Geborene zu sehr dem trägen Leben hingibt und in Abhängigkeiten verfällt, die man nur schwer wieder ablegen kann.

Die Hase-Typen

Die Ausprägung der Wünsche und Bedürfnisse sowie das geistige Streben des Hasen werden durch die verschiedenen Elemente zusätzlich bestimmt.

Der Metall-Hase, 1954, 2011

Dieser Hase-Typ unterscheidet sich von den anderen Typen durch sein kräftiges und robustes Wesen, seine scharfe Intelligenz und einen kühlen, logischen Verstand. Daher ist er mehr als die anderen Typen von seinen Fähigkeiten und von der Richtigkeit seines Handelns überzeugt. Ehrgeizig geht er an die Verwirklichung seiner Wünsche. Dennoch bleibt er ein Genießer und romantischer Liebhaber der schönen Künste und des schönen Lebens. Ein wenig neigt er zu Melancholie und depressiven Verstimmungen.

Der Wasser-Hase, 1963, 2023

Ein sehr sensibler Hasen-Typ, der seinen Mitmenschen mit viel Mitgefühl und Verständnis begegnet und spirituelle Fähigkeiten hat, die er durch Meditieren pflegt. So sehr er für viele Menschen zum Freund und Helfer wird, so sehr zieht er sich selbst vom

Hase-Geborene sind friedlich, gesellig und sehr lebenslustig. Je nach Stimmung können sie aber auch misstrauisch und zynisch sein.

Geschehen zurück und lässt niemanden ganz an sich heran. Denn er neigt zu Misstrauen und Selbstmitleid und lebt gern in der Vergangenheit. Auch sein Realitätssinn ist hin und wieder getrübt. Dann lässt er sich von anderen gängeln.

Der Holz-Hase, 1975, 2035

Hier treffen zwei Holzaspekte aufeinander, denn das Hase-Zeichen wird ebenfalls vom Element Holz regiert. Das Resultat ist ein überaus großzügiger, wohltätiger und nachsichtiger Mensch, der gern gibt und sich alles in allem auch gut im Leben zurechtfindet. Leider ist er durch seine Anpassungsfähigkeit und Autoritätsgläubigkeit leichte Beute für alle, die aus ihm Gewinn ziehen wollen. Er ist eher konservativ veranlagt und sucht Sicherheit – im Beruf und in der Gruppe. Um des lieben Friedens willen drückt er sich gern vor wichtigen Entscheidungen und versäumt es, seine Meinung zu sagen.

Der Feuer-Hase, 1987, 2047

Das ist der extrovertierte unter den Hase-Typen. Hier haben wir es außerdem mit einem besonders herzlichen Hasen zu tun, der vergnügt durchs Leben geht. Er ist mit einer großen Intuition ausgestattet, mit seinen Antennen spürt er die geringsten Veränderungen. Dabei ist er sehr verletzlich und empfindsam und braucht die Anerkennung anderer. Das Feuer in ihm kann zu Gefühlsausbrüchen führen, genauso wie zu Zornesausbrüchen, obwohl er die direkte Konfrontation scheut und lieber zu einer Hinterlist greift.

Der Erde-Hase, 1939, 1999

Ein bodenständiger, ausgeglichener und äußerst realistischer Hase, der nichts Unüberlegtes tut und jede seiner Handlungen genauestens überprüft, bevor er sie ausführt. Das ist im Beruf so manches Mal sehr vorteilhaft, privat

dagegen eher hinderlich, da er selten Gefühle zulässt. Sicherheit ist sein oberstes Gebot, auch was sein Bankkonto und sein Wohlergehen angeht. Probleme löst er gern allein. Und ganz im Gegensatz zu den anderen Hase-Typen ist er seinen Mitmenschen gegenüber eher gleichgültig, besonders wenn sie anderer Meinung sind als er. Doch er ist lernfähig.

Der Hase im täglichen Leben

Menschen, die im Tierkreiszeichen des Hasen geboren sind, werden ähnlich eingeschätzt wie ihre tierischen Namensgeber: friedlich, lieblich und mit samtweichem Fell. Bei den Chinesen werden Hasen geschätzt, weil sie der Legende nach vom Mond abstammen und unsterblich sind. Sie besitzen das geheimnisvolle Lebenselixier. Man feiert die Hasen in China während des Laternenfestes, wenn der Mond der Erde besonders nah ist.

Das Wesen des Hasen ist bescheiden, freundlich, warmherzig und friedliebend. Sein Harmoniebedürfnis ist sehr ausgeprägt. Auseinandersetzungen hasst er. Seine große Menschenkenntnis und das sichere Einfühlungsvermögen machen ihn für viele zum Vertrauten der Wahl, dem man gern sein Herz ausschüttet. Er ist ein wunderbarer Freund, der stundenlang zuhört und wo er kann seine Hilfsbereitschaft zeigt. Deshalb ist er bei allen beliebt.

Eher von ängstlicher Natur, lieben Hasen die Sicherheit der eigenen vier Wände. Dort leben sie ihre künstlerische Begabung oder andere Hobbys aus. Vor allem im Winter geborene Hasen sind begeisterte Köche und laden gern Gäste ein. Im kleinen Kreis der Freunde sind sie exzellente Gastgeber und brillieren mit Witz und Humor.

Seite 92:
In China werden Hasen besonders geschätzt, weil sie der Legende nach vom Mond abstammen. Sie sollen ein geheimes Lebenselixier besitzen.

Beruflich findet man Hasen oft in Vertrauensstellungen, als Berater oder Assistenten, aber auch in sozialen oder Lehrberufen. Hierbei handelt es sich jedoch um Hasen, die ihre Schüchternheit bereits zugunsten der guten Sache überwunden haben.

Viele Hasen drücken ihr zurückhaltendes Wesen auch in künstlerischen Berufen aus – Musik, Bücher, Skulpturen oder Bilder als Ausdruck ihrer selbst. In diesen Berufen können sie weitgehend allein arbeiten, was sie lieben. Unter Schauspielern findet man zuweilen auch Hase-Geborene, denn hier können sie sich hinter einer Maske gut verstecken.

Als Chef sind Hasen sehr sanft und machen sich im Stillen ihre Gedanken. Geht es bei einem Hasen jedoch darum, seine Interessen durchzusetzen, kann man einige seiner negativen Eigenschaften kennenlernen. Sein Selbsterhaltungstrieb und Ehrgeiz sind sehr ausgeprägt, das heißt, wenn er andere für seine Zwecke opfern muss, tut es ihm zwar in der Seele weh, aber er zögert nicht, es dennoch zu tun.

Finanziell sind Hasen gern auf der sicheren Seite. Sie haben genügend Geld zur Verfügung, auch um ihrem Hang nach Luxus nachzugeben. Fürs Sparen sind sie nicht geboren. Daher passen zu einem Hase-Geborenen am besten Partner, die gute Finanzberater sind und einem gut bezahlten Beruf nachgehen.

Die große Sensibilität des Hasen kann dazu führen, dass er sich allzu oft krank fühlt, obwohl er es organisch betrachtet nicht ist. Eine gute Portion Hypochondrie ist immer im Spiel, wenn der Hase von seinen Krankheiten erzählt. Dennoch leidet er an vielen somatischen Erkrankungen, wie Migräne, Asthma oder Magen-Darm-Verstimmungen. Am besten findet er sein seelisches und körperliches Gleichgewicht mit Entspannungstechniken wie Yoga oder Tai-Chi. Hier lernt er, loszulassen, wenn er mal wieder Konflikte mit sich herumträgt, die ihm die Brust zuschnüren.

Hasen lieben ihr Zuhause und die Familie über alles. Das eigene Heim gestalten sie mit der ihnen gegebenen Begabung für Schönheit und Anmut. Die Häsin liebt es, ihre Begabungen auszuleben – und derer hat sie einige. Mit dem ihr eigenen Charme zieht sie Männerblicke auf sich und lässt sie nie wieder los. Sie liebt den Luxus, kann sich aber auch mit wenig zufrieden geben, wenn die Liebe groß ist. Und nur dann geht eine Hase-Frau überhaupt eine Beziehung ein. Denn sie ist durch und durch Romantikerin. Hat sie sich einmal den richtigen Partner ausgesucht, der sie als Mensch und Frau respektiert, zeigt sie sich als fantasievolle Geliebte mit viel Esprit. Die Hase-Frauen glänzen daneben als perfekte Hausfrauen und wunderbare Köchinnen, denen keiner so schnell etwas vormachen kann. Doch will sie niemals nur auf die Rolle der Ehefrau, Hausfrau und Mutter festgelegt werden. Ihre kleinen Freiheiten sind ihr sehr wichtig.

Ebenso verhält es sich mit dem männlichen Hasen. Der Hase-Mann ist ein stiller Genießer, aber auch ein ängst-

Seite 97:
Hase-Frauen sind Romantikerinnen mit einem Sinn für Schönheit und Anmut. Eine Beziehung gehen sie nur ein, wenn sie wirklich lieben.

licher Mensch. Er hat viele Freunde, aber er scheut feste Partnerschaften. Den Schmerz, den ihm eine Trennung zufügen könnte, würde er nicht aushalten. Außerdem hasst er den Gleichklang, der in die Beziehung einkehrt, wenn die Romantik abnimmt. Springt er dennoch über seinen Schatten und geht eine Beziehung ein, muss die Partnerin, mit der der Hase-Mann sein Leben teilen will, ihn in seinen Eigenheiten zu nehmen wissen. Denn manchmal kommt der Eigensinn in ihm hoch, und dann heißt es für die Frau: Geduld üben, es geht vorbei. Dann kommt der liebevolle, sensible und verständnisvolle Hase wieder zum Vorschein.

Der Hase-Mann sucht im eigenen Heim vor allem Ruhe, Zurückgezogenheit und die Gunst seiner Lieben. Sie sollen ihn hegen und pflegen. Für ihre Kinder sind Hasen fürsorgliche Eltern, die geduldig alle Entwicklungsschritte ihrer Kleinen mitmachen.

Der Hase und die anderen Zeichen

Ratte:
Die Ratte ist sehr materialistisch, da muss der Hase aufpassen. Ansonsten kann es ein friedliches Miteinander geben mit gemeinsamen Interessen.

Büffel:
Hase und Büffel bilden eine gute Beziehung. Der Büffel bietet dem Hasen materielle Sicherheit. Hin und wieder gibt es Vorbehalte.

Tiger:
Eine schwierige Beziehung, denn der Tiger verlangt absoluten Gehorsam und lässt sich auf keine Diskussion ein. Für einen Hasen ist das auf Dauer keine Vertrauensbasis.

Hase:
Hase und Hase sind ein harmonisches Paar, das zusammenarbeitet, nicht gegeneinander. Auch mit der Verständigung klappt es gut.

Drache:
Beide haben gemeinsame Interessen, jedoch sehr unterschiedliche Persönlichkeiten. Doch das ist kein Grund für Konflikte. Man kann ja über alles reden.
Schlange:
Sie stellen das Gesamtwohl über das eigene. Gefühlsmäßig könnte etwas mehr Tiefgang nicht schaden.
Pferd:
Zwischen Hase und Pferd gibt es eine gewisse Faszination, gerade weil sie so verschieden sind. Dennoch kann es leicht zu Spannungen kommen.
Schaf:
Hier haben sich zwei gesucht und gefunden. In allen Bereichen herrschen Übereinstimmung, Verständnis und privat sogar die große Liebe.
Affe:
Eine Beziehung, die anfangs in jeder Hinsicht viel Spaß bietet, doch auf Dauer kann der Hase dem Tempo des Affen nicht standhalten. Außerdem fehlt das Vertrauen.

Hahn:
Bei diesen beiden gibt es bis auf den Beruf kaum Übereinstimmungen, zu entgegengesetzt sind ihrer beider Wesen. Der Hahn will reden, der Hase schweigt.
Hund:
Hase und Hund bilden ein gutes Team. Sie verstehen und vertrauen sich, das führt zu einer glücklichen Beziehung. Natürlich ist Toleranz auch wichtig.
Schwein:
Hier stimmt so gut wie alles. Sie haben das Zeug zum Traumpaar – vorausgesetzt, die beiden Schweine lassen sich ihre Freiheiten.

Behende wie sein Vorbild aus dem Tierreich bewegt sich ein Hase-Geborener durchs Leben.

Der Hase und seine Aszendenten

Das Zeichen, das zur Stunde der Geburt herrschte, bestimmt den Charakter eines Hase-Geborenen auf zusätzliche Weise.

Geboren in den

- *Stunden der Ratte, 23.00 bis 01.00 Uhr:* Mit der Ratte im Gepäck ist der Hase aufgeschlossen, interessiert und gar nicht dumm.
- *Stunden des Büffels, 01.00 bis 03.00 Uhr:* Der Büffel stärkt das Selbstvertrauen des Hasen. Damit und mit mehr Kraft wird er erfolgreich durchs Leben gehen.
- *Stunden des Tigers, 03.00 bis 05.00 Uhr:* Einerseits ein schlagfertiger und angriffslustiger Kerl, andererseits doch wieder ein feinsinniger, verletzlicher Hase.
- *Stunden des Hasen, 05.00 bis 07.00 Uhr:* Ein weiser Mensch, der philosophisch alle Klippen des Lebens umschifft – und dabei recht gut fährt.
- *Stunden des Drachen, 07.00 bis 09.00 Uhr:* Dieser Hase ist ehrgeizig, klug und hat genügend Einfluss, um andere die Arbeit für sich tun zu lassen – nach seinen Plänen.
- *Stunden der Schlange, 09.00 bis 11.00 Uhr:* Dieser Hase ist durch und durch ein Künstler – launisch, nachdenklich, intuitiv und unabhängig.

- *Stunden des Pferdes, 11.00 bis 13.00 Uhr:* Mit dem Pferd ist der Hase auf der Zielgeraden. Er ist fröhlich und hat genügend Selbstvertrauen, um seine Ziele zu erreichen.
- *Stunden des Schafs, 13.00 bis 15.00 Uhr:* Ein liebenswerter, herzensguter und toleranter Mensch, der großzügig sein letztes Hemd hergibt, um dann selbst ohne alles dazustehen.
- *Stunden des Affen, 15.00 bis 17.00 Uhr:* Zwei, die gern Streiche spielen. Mit der charmanten Diplomatie des Hasen werden die anderen nach Affenart übers Ohr gehauen.
- *Stunden des Hahns, 17.00 bis 19.00 Uhr:* Der Hahn lehrt den Hasen, frei heraus zu sprechen, was sonst nicht seine Art ist. Und es lohnt sich, ihm zuzuhören.
- *Stunden des Hundes, 19.00 bis 21.00 Uhr:* Der Hund verstärkt die Hilfsbereitschaft und Milde des Hasen. Er könnte nur manchmal etwas weniger schwerfällig sein.
- *Stunden des Schweins, 21.00 bis 23.00 Uhr:* Schwein und Hase sind beide Genießer und Kulturliebhaber. Auch auf der sozialen Ebene ergibt es eine gute Kombination.

Der Drache

Der Drache ist das fünfte chinesische Mondzeichen.
Chinesischer Name: „Lung (Lung)"
Regierte Stunden: von 07.00 bis 09.00 Uhr
Festes Element: Holz
Prinzip: Yang
Jahreszeit: Frühling
Westliches Sternzeichen: Widder

Drache-Jahre und Elemente
08.02.1940 – 26.01.1941 ➟ Metall
26.01.1952 – 13.02.1953 ➟ Wasser
13.02.1964 – 02.02.1965 ➟ Holz
31.01.1976 – 17.02.1977 ➟ Feuer
17.02.1988 – 05.02.1989 ➟ Erde
04.02.2000 – 24.01.2001 ➟ Metall
23.01.2012 – 09.02.2013 ➟ Wasser

Drache-Geborene werden als wohlwollend, beherzt, zäh, enthusiastisch, wachsam, sehr aktiv und unabhängig beschrieben. In negativer Ausprägung können sie intolerant, egozentrisch, machthungrig und stolz sein.

Das Jahr des Drachen

Das Drache-Jahr gilt in China als Glücksjahr. Daher werden dort in diesem Jahr vermehrt Geschäfte eröffnet und Ehen geschlossen. Und tatsächlich fühlt man sich nach dem besonnenen Hase-Jahr wieder voller Tatendrang, Enthusiasmus und Risikobereitschaft. Der ehrgeizige Drache fördert neue Ideen und Projekte, lässt Geschäfte erfolgreich werden und verhilft zu Wohlstand und Reichtum. Die Weichen stehen auf Fortschritt und Veränderung. Das ist die eine Seite. Die andere ist, dass er vieles besser und größer erscheinen lässt, als es ist. Denn der maßlose Drache ist auch für andere Überraschungen bekannt: Ebenso gewaltig wie sein sprühender Überschwang kann das Unglück sein, das hereinbricht. Sei es, dass die allzu riskanten Geschäfte wieder platzen, sei es, dass sich Naturkatastrophen ereignen.

Die Drache-Typen

Die fünf Elemente Metall, Wasser, Holz, Feuer und Erde beeinflussen mit ihren besonderen Merkmalen die Ausprägung der Wünsche und Bedürfnisse des Drachen.

Der Metall-Drache, 1940, 2000

Der Metall-Drache ist der Typ mit dem stärksten Willen und der größten Leidenschaft unter den Drachen. Mit dieser Vehemenz kämpft er selbstlos und bis zum Fanatismus für eine bessere Welt. Mutig geht er auch die schwierigsten und unlösbarsten Probleme an, meist mit Erfolg,

Drache-Geborene zeichnen sich durch Eigenschaften wie Enthusiasmus, Aktivität und Unabhängigkeit aus. Ihre Schwächen sind Intoleranz, Machthunger und Stolz.

wobei er hinter sich einen Scherbenhaufen zurücklässt. Er ist intelligent und klug, Neuem stets aufgeschlossen, im Umgang mit Menschen jedoch wenig diplomatisch. Sein Metall-Element lässt ihn oft autoritär und schulmeisterlich auftreten. Anders meint er Menschen nicht überzeugen zu können.

Der Wasser-Drache, 1952, 2012

Hier haben wir es mit einem besonnenen Typ zu tun. Anders als ein Metall-Drache geht er diplomatisch, demokratisch und weniger machtgierig und selbstherrlich vor. Er kann sich zugunsten der Allgemeinheit anpassen, Niederlagen nimmt er ohne Rachegedanken hin. Trotz seiner Willensstärke und Durchsetzungskraft ist er gutmütig, umgänglich und sieht die Dinge realistisch. Für schwierige Verhandlungen und Führungsaufgaben ist er prädestiniert. Jedoch neigt er dazu, zu viel auf einmal durchsetzen zu wollen. Hier sollte er seine Kräfte gezielter einsetzen.

Der Holz-Drache, 1964, 2024

Ein Holz-Drache geht den Dingen gern auf den Grund. Er ist ein Logiker, ein Forschergeist, der die letzten Rätsel des Universums lösen und ihre Ursachen durchschauen möchte. Dabei ist er dennoch kein trockener Verstandesmensch, sondern ein großzügiger und menschenfreundlicher Vertreter seines Zeichens, der andere Meinungen neben seiner gelten lässt, besonders wenn sie ihm nützlich sein können. Er ist zu Kompromissen bereit, ganz kann er seinen Egoismus jedoch nicht ablegen. Wer ihn herausfordert, erlebt den typischen stolzen und kämpferischen Drachen live.

Der Feuer-Drache, 1976, 2036

In diesem Drachen lodert ein ständiges Feuer und speist seine nahezu unerschöpfliche Energie und seinen unstillbaren Ehrgeiz, Großes zu vollbringen. Seine Extrovertiertheit, Autorität und Überlegenheit in Tateinheit mit einer sehr direkten Art und der Angewohnheit, auf andere fast diktatorisch Druck auszuüben, wirken auf viele abschreckend. Im Grunde seines Herzens aber ist er auch ein wahrheitsliebender und menschlicher Typ, der das Zeug dazu hat, die Massen zu mobilisieren – für eine gute Sache und mit sich als bewundertem Anführer.

Der Erde-Drache, 1928, 1988

Dieser Drache ist derjenige, der von allen Drachen die meiste Erdverbundenheit hat. Das heißt, er ist realistisch, pragmatisch, stiller und nachdenklicher als die anderen und in der Lage, seinen angeborenen Eifer zu zügeln. Kontrollieren tut er gern, vor allem andere, wobei er dies durchaus fair handhabt und andere Meinungen zumindest anhört. Seine angeborene Kraft und Stärke setzt er wohldurchdacht ein, um sich und seine Ziele weiterzuentwickeln. Das kann bei einem Drachen schnell zu übertriebenem Perfektionismus führen. Auch für ihn gilt: Wer ihn kränkt, bekommt seine Kraft zu spüren.

Der Drache im täglichen Leben

Der Drache gehört zu den wichtigsten chinesischen Sternbildern. Das Auftauchen des Drachen am Himmel kennzeichnet den Frühlingsanfang und das Erwachen der Lebenskraft, die mit Fruchtbarkeit, Geburt und Wachstum verbunden wird. Daher wird er auch „Grüner Drache“ genannt und in China als das Symbol für Macht und Reichtum verehrt. Entgegen den anderen Tierkreiszeichen ist der Drache jedoch eine Sagenfigur. Es gibt ihn nicht wirklich.

Menschen, die im Zeichen des Drachen geboren sind, strotzen vor Vitalität und Schaffensdrang. Kein Ziel ist ihnen zu groß, kein Gegner zu stark, kein Berg zu hoch. Sie nehmen es mit jedem und allem auf. Wo sie auftreten, knistert die Luft vor Energie – fast sieht man die Funken sprühen. Die Drachen beherrschen jede Lebenslage, wissen sich stets zu helfen und können auch im Notfall geschickt improvisieren. Dabei stört es sie nicht, wenn sie offen für ihre Talente bewundert werden.

Für ihre Freunde sind Drachen eine feste Stütze, auf die sie zählen können. Zwar kann es vorkommen, dass man monatelang nichts von ihnen hört, aber wenn man sie braucht, sind die Drachen zur Stelle. Doch darf man sie nie einengen, denn ihre Unabhängigkeit ist ihnen sehr wichtig. Ihre wahre Macht liegt in ihrer Freiheit. Aus ihr heraus agieren sie, in ihrem Bewusstsein treibt es sie voran.

Der Tatendrang der Drachen setzt sich auch in beruflicher Hinsicht fort. Mit all ihrer Kraft gehen sie daran, eine einmal für gut befundene Idee in die Tat umzusetzen. Ihre Neugier, ihr Gespür für Trends und ihr Organisationstalent machen sie zu perfekten Entwicklern und Designern. Auch als Repräsentanten und Kaufleute auf selbstständiger

Seite 113:
Drachen gelten in China als Glücksbringer. Man geht davon aus, dass alles, was man in einem Drache-Jahr beginnt, glücklich verläuft.

Basis haben Drache-Geborene Erfolg. Führungskräfte aus diesem Zeichen werden von ihren Mitarbeitern geschätzt, wegen ihrer Sprunghaftigkeit und Herrschsucht aber auch gefürchtet. Drache-Chefs erwarten von ihren Mitarbeitern Fleiß, Einsatzbereitschaft und absolute Loyalität – und natürlich immer die angebrachte Bewunderung für den Chef.

Das Thema Geld spielt für den Drachen eine große Rolle, schließlich ist es einer seiner Beweggründe, reich zu werden und in Wohlstand zu leben. Daher kennt er sich auf dem Geldmarkt aus. Er gibt gern Geld aus, ist aber auch bereit, das finanzielle Polster durch Arbeit wieder aufzufüllen. Da er in beruflicher Hinsicht wohl entweder selbstständig arbeitet oder in der Chefetage sitzt, wird ihm das auch niemals schwerfallen.

Der Drache hat eine robuste Natur und ist sehr widerstandsfähig. Daher findet man ihn selten kränkelnd. Lediglich auf Herz und Kreislauf sollte er achten, denn bei seinem Tempo steigt der Blutdruck schnell, und das Herz hat eine Menge zu schaffen. Besonders seine ungeduldige Art nagt an seiner Gesundheit. Daher sind Auszeiten mit Erholung und ausreichend Schlaf unbedingt notwendig.

In der Partnerschaft geben die Drachen eine gute Figur ab, wenn sie sich denn einmal dazu entschlossen haben. Wenn sie eine Beziehung eingehen und eine Familie gründen, hat dies Hand und Fuß. Sie sind Ehepartner mit angeborenem Freiheitsdrang, die man nur halten kann, wenn man ihnen nicht misstraut und ihren Tatendrang geschehen lässt. Drache-Frauen sind gute Mütter, die ihre Kinder zu selbstständigen Persönlichkeiten erziehen. Drache-Väter übernehmen die Erziehung gern allein, wobei es streng und diszipliniert zugeht. Seine Kinder können einiges von ihm lernen.

Die Drache-Frau kommt mit dem auf die Welt, was man das gewisse Etwas nennt. Damit verzaubert sie ihre Umwelt, wo immer sie auftaucht. Sie verkörpert eine unabhängige und selbstsichere Frau, die weiß, was sie will, und in jeder Aufgabe ihre Frau steht. Mit Würde geht sie durchs Leben und nimmt sich, was oder wen sie braucht. Wer sich an sie binden will, muss ihr die nötige Bewunderung und Liebe entgegenbringen, die eine Drache-Frau braucht, um das Unmögliche möglich zu machen, gerade in der Liebe.

Der Drache-Mann ist der geborene Liebhaber, der mit Charme und Verführungskunst die Frauen seiner Wahl erobert. Dabei liebt er sein Single-Dasein über alles. Wenn er dennoch eine Partnerschaft eingeht, weil er die große Liebe gefunden zu haben glaubt, bleibt er nur, wenn er seine Freiheiten behalten darf. Die Frau an seiner Seite muss starke Nerven haben und am besten viel Fantasie, damit sie ihm das Leben zu zweit und die Liebe immer wieder schmackhaft machen kann.

In Liebe und Partnerschaft brauchen Drache-Geborene dennoch ihre Freiheit.

Der Drache und die anderen Zeichen

Ratte:
Ratte und Drache bilden ein gutes Team, das geschäftlich wie privat durchaus erfolgreich miteinander auskommt – und dazu noch recht glücklich ist.

Büffel:
Zwischen beiden herrscht ein tiefes Einverständnis ohne großes Konfliktpotenzial. Beide haben die gleichen Interessen und einige Gemeinsamkeiten.

Tiger:
Zwischen beiden besteht eine große Seelenverwandtschaft. Kleinere Machtkämpfe hin und wieder führen dazu, dass es schon mal kriselt. Doch die Probleme sind zu lösen. Es lohnt sich.

Hase:
Hase und Drache haben unterschiedliche Charaktere, dennoch tolerieren sie sich einigermaßen. Es gibt gemeinsame Interessen.

Drache:
Zwei mit derselben forschen und starken Persönlichkeit. Entweder es knistert leidenschaftlich oder es fliegen die Fetzen. Beruflich sind sie ein gutes Team.
Schlange:
Beide ergänzen sich gegenseitig gut, daher kann es eine solide und dauerhafte Beziehung sein. Die Schlange regelt das Emotionale, der Drache das Geschäftliche.
Pferd:
Beide sind ähnlich dynamisch und unternehmungslustig. Das führt zu kraftaufreibenden Machtkämpfen. Dennoch gibt es Respekt füreinander.
Schaf:
Diese Beziehung geht nur gut, wenn der Drache sein stürmisches Wesen zügelt. Sonst wird es eine kühle Affäre.
Affe:
Drache und Affe verstehen sich wunderbar und können ein erfolgreiches und glückliches Leben miteinander verbringen.

Hahn:
Zwischen den beiden besteht eine anregende und vom Hahn aus gesehen auch bewundernde Beziehung für den Drachen. Geschäftlich leitet der kluge Hahn den Drachen sicher zum Erfolg.
Hund:
Beide gehen sich besser aus dem Weg. Zu groß ist das gegenseitige Missvertrauen und Unverständnis.
Schwein:
Das passt gut zusammen. Ein gemeinsames Ziel vereint sie und führt sie immer wieder zusammen, wenn es mal Differenzen gibt.

Der Drache und seine Aszendenten

Durch den Aszendenten, das Zeichen, das während der Stunde der Geburt herrscht, erhält ein Drache weitere Persönlichkeitsmerkmale.

Seite 120:
Mit den übrigen Zeichen des Tierkreises versteht sich ein Drache im Großen und Ganzen gut. Nur wenige, wie der Hund, passen gar nicht zu ihm.

Geboren in den

- *Stunden der Ratte, 23.00 bis 01.00 Uhr:* Das genügsame Ratte-Temperament mindert des Drachen Großzügigkeit. Ein eher weicher Typ.
- *Stunden des Büffels, 01.00 bis 03.00 Uhr:* Der Drache wird etwas in seinem Ungestüm gezügelt und ist eher nachdenklich. Gegner werden aus dem Weg geräumt.
- *Stunden des Tigers, 03.00 bis 05.00 Uhr:* Impulsiver, gefühlsbetonter Typ, der arbeitet bis zum Umfallen. Misserfolge gehen an seine Nerven.
- *Stunden des Hasen, 05.00 bis 07.00 Uhr:* Eine gute Kombination aus Stärke, Diplomatie und Vernunft.
- *Stunden des Drachen, 07.00 bis 09.00 Uhr:* Hier herrscht eine doppelte Kraft, gepaart mit dem Streben nach unbedingtem Gehorsam und Bewunderung durch seine Mitmenschen.
- *Stunden der Schlange, 09.00 bis 11.00 Uhr:* Ein gewissenhafter Typ, der selten unüberlegt handelt. Dennoch kaschiert er Ehrgeiz mit charmantem Wesen.

- *Stunden des Pferdes, 11.00 bis 13.00 Uhr:* Zwei extrovertierte Zeichen, die etwas bewirken können, wenn der pflichtbewusste Drache das sprunghafte Pferd im Zaum hält.
- *Stunden des Schafs, 13.00 bis 15.00 Uhr:* Ein ungewöhnlich sanfter und bescheidener Drache, der gewaltfrei und diszipliniert seine Ziele erreicht.
- *Stunden des Affen, 15.00 bis 17.00 Uhr:* Ein quirliger, listiger und lustiger Affe steckt in einem knallharten Kämpfer – da heißt es aufpassen und wachsam sein.
- *Stunden des Hahns, 17.00 bis 19.00 Uhr:* Ein unterhaltsamer Mensch, der sehr stolz, aber auch angenehm geistreich und witzig sein kann.
- *Stunden des Hundes, 19.00 bis 21.00 Uhr:* Ist geprägt von Vernunft, Nüchternheit und Distanziertheit. Eine reife Persönlichkeit mit dem Hang zum Bissigsein.
- *Stunden des Schweins, 21.00 bis 23.00 Uhr:* Ein sanfter Drache mit einem großen Herzen, das vor allem für seine Freunde schlägt.

Die Schlange

Die Schlange ist das sechste chinesische Mondzeichen.
Chinesischer Name: „Chiee (Schi)“
Regierte Stunden: von 09.00 bis 11.00 Uhr
Festes Element: Feuer
Prinzip: Yin
Jahreszeit: Frühling
Westliches Sternzeichen: Stier

Schlange-Jahre und Elemente
27.01.1941 – 14.02.1942 ➟ Metall
14.02.1953 – 02.02.1954 ➟ Wasser
03.02.1965 – 20.01.1966 ➟ Holz
18.02.1977 – 06.02.1978 ➟ Feuer
06.02.1989 – 25.01.1990 ➟ Erde
25.01.2001 – 12.02.2002 ➟ Metall
10.02.2013 – 30.01.2014 ➟ Wasser

Die Schlange wird als weise, elegant, geheimnisvoll, scharfsinnig, attraktiv, intuitiv und zärtlich beschrieben. In negativer Ausprägung ist sie egoistisch, skeptisch, neidisch, rachsüchtig und kann schlecht verlieren.

Das Jahr der Schlange

Das Jahr der Schlange kann man als eine Fortführung des Drache-Jahres sehen, denn beide Zeichen sind extrem, und in beiden Zeichen überschlagen sich die Ereignisse, die bei der Schlange durchaus auch kriegerischer Natur sein können. Das Schlange-Jahr ist von Nachdenken, Planungen und Erwägungen geprägt. Projekte werden verwirklicht, aber erst nach reiflicher Prüfung. Hier ist die Schlange weiser als der Drache.

In den Bereichen Umwelt, Soziales und Politik können Veränderungen stattfinden, in Mode, Kunst und Literatur etablieren sich neue Strömungen, Wissenschaft und Technik erleben neue Entdeckungen. Doch alle Veränderungen kommen nicht allmählich, sondern genauso blitzschnell aus dem Verborgenen wie die Schlange aus ihrem Unterschlupf. Und das gilt für positive wie negative Ereignisse. Den Menschen verleiht die Schlange Selbstvertrauen. Privat kommt es zu Überraschungen.

Die Schlange-Typen

Durch die fünf beschriebenen Elemente wirken besondere Merkmale auf jeden Schlange-Geborenen, die seine Wünsche und Bedürfnisse ganz spezifisch prägen.

Die Metall-Schlange, 1941, 2001

Intelligent und mit einem eisernen Willen ausgestattet, schlängelt sich diese Schlange auf ihrem Lebensweg, den sie schon sehr früh festlegt und auch unerschütter-

Die Schlange zeichnet Weisheit und Scharfsinn aus. Darüber hinaus ist sie attraktiv und überaus zärtlich. Jedoch kann sie auch sehr rachsüchtig sein.

lich verfolgt. Dabei hat sie einen ausgeprägten Sinn für gute Gelegenheiten und Geschäfte. Sie ist eher still, verschlossen, dabei überheblich und dominiert andere gern. Außerdem misstraut sie ihnen, auch weil sie selbst zum einzelgängerischen Ränkeschmied neigt. Ihre Ziele sind Macht und Reichtum, Konkurrenten schafft sie aus dem Weg. Auch wenn sie sich großzügig gibt, so immer mit gewissen Vorbehalten.

Die Wasser-Schlange, 1953, 2013

Die Wasser-Schlange ist der intellektuelle der fünf Typen. Sie ist belesen, wissbegierig und hochbegabt, verfügt über einen brillanten Verstand, große Intelligenz und ein sehr gutes Gedächtnis.

Genauso wie ihr Metallbruder ist sie erfolgsorientiert und geschäftstüchtig mit feinem Instinkt für gute Geschäfte. Dabei verliert auch sie nie ihr Ziel aus den Augen. Für Menschenführung ist sie gut geeignet, denn sie versteht es, mit ihrem Charisma alle in ihren Bann zu ziehen. So gelassen sie sich aber gibt, Kränkungen vergisst diese Schlange nie.

Die Holz-Schlange, 1965, 2025

In der Holz-Schlange vereinen sich die Überlegenheit, Intelligenz und Eitelkeit einer Schlange auf besondere Weise. Wohlstand und Luxus gehören zu ihrem Lebensstil, daher ist sie stets bestrebt, Erfolg zu haben. Da sie ein gutes Händchen für die richtigen Möglichkeiten hat und auf fast magische Weise genau die Projekte bestimmt, die Erfolg bringen, ist dies nicht schwer. Das bringt ihr die uneingeschränkte Bewunderung ihrer Mitmenschen ein. Sie ist gut informiert, eloquent, liebt Kunst, Musik und Literatur und hat Sinn für alles Schöne. Doch braucht sie bei all ihrem Tun geistige Freiheit. Hat man ihre Zuneigung errungen, bleibt sie loyal, denn Anerkennung und Rückhalt durch andere sind ihr wichtig.

Die Feuer-Schlange, 1917, 1977

Ein imposanter Schlangen-Typ, in dem das Feuer der Leidenschaft und Sinnlichkeit, aber auch der Herrschsucht, Eitelkeit und des Misstrauens lodert. Sie möchte in der Öffentlichkeit stehen, gesellschaftlich anerkannt und geliebt werden. Dabei hat sie eine übertriebene Gier nach Macht und Geld und strebt mit dem ihr eigenen starken Willen unablässig danach. Durch ihre mitreißende Art motiviert sie auch andere zu Höchstleistungen – hiermit ist sie als politischer Führer prädestiniert. Doch letztendlich ist sie sehr selbstbezogen, und durch ihre Maßlosigkeit manövriert sie sich schnell selbst ins Aus.

Die Erde-Schlange, 1929, 1989

Die Erde-Schlange verkörpert den konservativen, besonnenen und warmherzigen Typ, der stets weiß, was zu tun ist, und auch in schwierigen Situationen nie den Überblick verliert. Den hat sie sich schon frühzeitig und ohne sich von anderen Meinungen beirren zu lassen, nach eigenem Urteilsvermögen geschaffen. Ihrem Wesen nach ist die Erde-Schlange zwar stets zurückhaltend kühl, aber überaus charmant, humorvoll und einfach bezaubernd. Das bringt ihr zahlreiche Freunde ein. Ihre Interessen liegen im kreativen Bereich.

Die Schlange im täglichen Leben

Eine Schlange im Haus zu haben bedeutet in China Glück und Wohlstand. Sie zu töten hieße, das Unglück heraufzubeschwören. Die Schlange wird in China sehr geachtet und geehrt. Andererseits sagt man dort der Schlange auch Hinterhältigkeit, Falschheit und Intrigantentum nach. Vielleicht ist es ihr schillerndes Wesen, das die Schlangen für ihre Umwelt so undurchsichtig macht, denn sie lieben es, sich geheimnisvoll und distanziert zu geben. Das heißt nicht, dass sie sich nicht ihre Gedanken machen. Im Gegenteil: Sie sind sehr scharfsinnige Beobachter und Denker, die lange still sind und dann blitzschnell hervorschnellen können. Ihr Instinkt und ihre Fähigkeit, die Stärken und Schwächen der anderen zu erfassen, sind stark ausgeprägt. Dieses Wissen nutzen sie gern für ihre Zwecke. Auch die sprichwörtliche Doppelzüngigkeit der Schlange ist ihnen zu eigen, doch das sind allenfalls Notlügen.

Schlange-Geborene sind sehr elegant, äußerst kluge, kultivierte und geistreiche Menschen, im Grunde auch ehrlich, friedliebend und humorvoll. Die philosophische Betrachtung des Weltgeschehens gehört zu ihren Interessen. Wer eine Schlange nicht zu nehmen weiß und sie sogar an-

Die Schlange wird in China sehr verehrt. Eine Schlange im Haus zu haben bedeutet Glück, Wohlstand und Zufriedenheit.

greift, lernt die Eigenschaft der Schlange, nachtragend zu sein, kennen. Noch Jahre nach der Verletzung kommt ihre Rache. Schlangen können außerdem energisch, zielstrebig und wendig sein. Um an ihr Ziel zu kommen, scheuen sie auch vor kleinen Tricks nicht zurück.

Nach chinesischer Ansicht sind die im Frühjahr und Sommer geborenen Schlangen gefährlicher als die Winter-Schlangen.

Ihre hartnäckige und kluge Art verhilft Schlange-Geborenen dazu, dort mit Leichtigkeit Karriere zu machen, wo andere nur durch harte Arbeit und Fleiß vorwärtskommen. Denn sie haben Menschenkenntnis und wissen ihre Beziehungen geschickt zu nutzen. Ohne große Anstrengung erreichen sie dann ihr Ziel. Ihr ausgeprägtes Gespür für gute Geschäfte und Geld macht sie zu guten Bankern, Börsianern und Immobilienmaklern. Ihr zweites Hobby, die Künste und Geisteswissenschaften, führt sie auch gern in Lehrberufe und zu Universitätskarrieren. Wenn sie als Vorgesetzte auftreten, muss man sich vor ihrer Schläue hüten. Sie bleiben stets undurchschaubar.

Schlangen sind dem Geld sehr zugetan, deshalb möchten sie auch immer genug davon haben. Bei ihnen findet man meist ein gutes Sümmchen auf der Bank, das ihnen Sicherheit gibt. Dabei sind sie nicht geizig, nur sparsam. Sie können auch Geld ausgeben, und meist haben sie dabei das Glück auf ihrer Seite, sodass sich ihr Reichtum stetig mehrt.

Bei aller Tatkraft haben Schlangen meist keine sehr robuste Gesundheit, obwohl sie das nach außen hin gern verbergen würden. Doch die Sensibilität ihrer Psyche spiegelt sich bei diesen verschlossenen Menschen auf genau dem Organ wider, das sie mit der Außenwelt verbindet – ihrer Haut. Sie neigen zu Hautreizungen und -irritationen bis hin zu Allergien. Ob hierfür ein schwaches Immunsystem verantwortlich ist oder sich hier seelische Störungen auf körperlicher Ebene manifestieren, kann allein die Schlange selbst herausfinden.

Partnerschaften gehen Schlangen nicht voreilig ein. Sie suchen lange nach dem richtigen Partner. Das Angebot an attraktiven Menschen ist schließlich verlockend. Warum sich dann an eine/-n binden? In der Ehe sind sie anspruchsvoll und sehr besitzergreifende Partner, die den anderen gern an sich binden. Für sich selbst fordern sie Freiraum und Rückzug zum Meditieren, Lesen und sich Sammeln. Für ihre Kinder sorgen sie liebe- und hingebungsvoll und erweisen sich als wunderbare und uneigennützige Eltern. Was nicht heißt, dass Strenge und Ordnung nicht groß geschrieben werden.

Eleganz, Attraktivität, Schönheit und Stil sind die Attribute der Schlange-Frau. Am liebsten pflegt und schmückt

Bevor Schlange-Geborene eine Partnerschaft oder eine Ehe eingehen, schauen sie sich sehr genau um.

sie sich. Hierfür ist ihr keine Ausgabe zu viel. Ihr Partner sollte aus der wohlhabenden Gesellschaft stammen und ihr stets die ihr zustehende Bewunderung und Hingabe entgegenbringen.

In der Liebe ist sie sehr sinnlich und fantasievoll. Sie verlangt von ihrem Partner eifersüchtig absolute Treue und Ergebenheit, was sie beides für sich aber keineswegs in Anspruch nimmt. Ein kleiner Flirt nebenbei, ein Seitensprung hin und wieder sind für die Schlange-Frau durchaus denkbar. Schließlich gibt es viele andere, die sie auch bewundern.

Der Schlange-Mann liebt ebenfalls alles Schöne und den Luxus. Er umgibt sich mit den schönsten Frauen, je mehr, desto besser. Charmant verführt er jede. Er ist ein leidenschaftlicher Liebhaber mit sehr viel Ausdauer und Fantasie. Und seine Eroberungen lässt er sich von niemandem streitig machen. Dass er im Recht ist und ihm das alles unbedingt zusteht, sagt ihm sein Selbstbewusstsein, das nur schwer zu erschüttern ist.

Die Schlange und die anderen Zeichen

Ratte:
Die Beziehung Ratte und Schlange steht auf einem soliden Fundament. Sie haben gemeinsame Ziele und finden sich auch körperlich anziehend.
Büffel:
Auch hier ist eine dauerhafte, befriedigende Beziehung möglich. Keine Konfliktpunkte.
Tiger:
Bei diesen beiden sind Konflikte vorprogrammiert. Ein kühles, misstrauisches Verhältnis. Keine Verständigung möglich.
Hase:
Eine Verbindung, in der es nicht knistert, die aber dennoch harmonisch verläuft. Beruflich sind sie ein gutes Team.
Drache:
Die beiden verstehen sich auf Anhieb gut. Ihre Zusammenarbeit verläuft erfolgversprechend.

Schlange:
Eine Grundsympathie und ein großes Verständnis für den anderen sind vorhanden. Mit ein bisschen Arbeit lässt sich da was machen.
Pferd:
Zwischen den beiden herrscht ein kühler Umgang und viel Konfliktstoff. Es fängt schon bei den unterschiedlichen Meinungen an.
Schaf:
Die beiden können es schaffen, denn sie akzeptieren sich und sind bereit, für ihre Beziehung zu arbeiten.
Affe:
Affe und Schlange verstehen sich auf der finanziellen Ebene. In allen anderen Bereichen gibt es nur Unverständnis und Streit.
Hahn:
Ein perfektes und erfolgreiches Paar, sowohl geschäftlich wie privat. Sie vertrauen und verstehen sich ohne große Worte.

Hund:
Arbeiten mit Respekt und dem gemeinsamen Ziel vor Augen gut zusammen. Für die Liebe reicht es nicht.
Schwein:
Zwischen Schlange und Schwein ist die Unverträglichkeit fast unüberwindbar. Also sollten sie sich besser ein für alle Mal aus dem Weg gehen.

Die Schlange und ihre Aszendenten

Die Entwicklung von Schlange-Geborenen wird neben denen des Mondzeichens von den Eingenschaften des Tieres bestimmt, das ihren Aszendenten darstellt.

Geboren in den
- *Stunden der Ratte, 23.00 bis 01.00 Uhr:* Eine Schlange, der man nicht uneingeschränkt trauen kann. Sie zieht einen geschickt über den Tisch und strahlt dabei.

Seite 140:
Treffen zwei Schlangen aufeinander, herrschen Verständnis und Sympathie vor.

- *Stunden des Büffels, 01.00 bis 03.00 Uhr:* Eine interessante Kombination aus geheimnisvoller Schlange und willensstarkem Büffel. Schwer zu durchschauen.
- *Stunden des Tigers, 03.00 bis 05.00 Uhr:* Sie hat ein großes Herz und viele Interessen, doch neigt sie zu falschen Anschuldigungen. Das sollte man jedoch nicht zu ernst nehmen.
- *Stunden des Hasen, 05.00 bis 07.00 Uhr:* Der Hase verleiht der Schlange Sanftmut und Milde, dennoch sollte man sie nicht unterschätzen. Ihren Vorteil gibt sie sicher niemals auf.
- *Stunden des Drachen, 07.00 bis 09.00 Uhr:* In diesem Menschen vereinen sich Machtwille und Weisheit zu einem echten Menschenfreund, der für seine Überzeugung vehement eintritt.
- *Stunden der Schlange, 09.00 bis 11.00 Uhr:* Schlange im Doppelpack – das bedeutet Tiefgründigkeit, Besitzgier und Machtstreben. Ihr sollte man sich besser nicht in den Weg stellen.

- *Stunden des Pferdes, 11.00 bis 13.00 Uhr:* Ein fröhlicher Mensch vom Typ des unwiderstehlichen Verführers. Er weiß das Leben und die Liebe zu genießen.
- *Stunden des Schafs, 13.00 bis 15.00 Uhr:* Hier steht die Kreativität im Vordergrund. Hat ein Faible für die schönen und kostspieligen Künste. Geld spielt keine Rolle.
- *Stunden des Affen, 15.00 bis 17.00 Uhr:* Ein genialer, siegesgewisser Typ, der mit Weisheit, Witz und Geisteskraft glänzt.
- *Stunden des Hahns, 17.00 bis 19.00 Uhr:* Ein unerschütterlicher Kämpfer für die Macht. Und er weiß auch genau, wie er es anstellen muss, um an sie zu gelangen.
- *Stunden des Hundes, 19.00 bis 21.00 Uhr:* Eine liebenswerte Schlange mit Sinn für hohe Werte und den intellektuellen Fähigkeiten des Hundes.
- *Stunden des Schweins, 21.00 bis 23.00 Uhr:* Eine echte Partynudel, die Stimmung verbreitet, wo sie auftaucht. Ihre Oberflächlichkeit wird durch die Natürlichkeit des Schweins abgemildert.

Das Pferd

Das Pferd ist das siebte chinesische Mondzeichen.
Chinesischer Name: „Ma (Ma)“
Regierte Stunden: von 11.00 bis 13.00 Uhr
Festes Element: Feuer
Prinzip: Yang
Jahreszeit: Sommer
Westliches Sternzeichen: Zwillinge

Pferde-Jahre und Elemente
15.02.1942 – 03.02.1943 ➡ Wasser
03.02.1954 – 23.01.1955 ➡ Holz
21.01.1966 – 08.02.1967 ➡ Feuer
07.02.1978 – 27.01.1979 ➡ Erde
26.01.1990 – 13.02.1991 ➡ Metall
13.02.2002 – 02.02.2003 ➡ Wasser
31.01.2014 – 17.02.2015 ➡ Holz

Das Pferd gilt als fröhlich, liebenswürdig, offen, impulsiv, schlagfertig, sportlich und leidenschaftlich. In negativer Ausprägung kann es ängstlich, nervös, hitzköpfig und ungeduldig sein.

Das Jahr des Pferdes

Das Pferd-Jahr wird ein temporeiches Jahr, ganz im Sinne des impulsiven und munteren Tieres. Das bedeutet Stress und Anspannung, viel mehr aber auch Aufschwung, Fortschritt, Produktivität und Expansion. Das gilt für Wirtschaft und Politik, aber genauso gut für den Einzelnen. Das ist die Zeit, wo man sich etwas zutrauen kann – denn das Pferd gibt Selbstvertrauen. Das, was man schon immer einmal machen wollte, kann jetzt erfolgreich in Angriff genommen werden: Reisen, berufliche und private Veränderungen, verrückte Dinge, mal so richtig aus sich herausgehen. Doch muss man sich vor übertriebenem Aktionismus hüten. Denn nicht jeder kann mit der Tatkraft des Pferdes mithalten. Vielen gehen vorher die Kräfte aus. Im negativen Fall können Skandale und politische Konflikte verstärkt vorkommen.

Die Pferde-Typen

So wirken sich die fünf Elemente auf die Wünsche und Bedürfnisse sowie auf das geistige Streben eines Pferd-Geborenen aus.

Das Metall-Pferd, 1930, 1990

In diesem Typ vereinigen sich das ungestüme aktionistische Wesen des Pferdes mit dem starren und hartnäckigen Einfluss des Metalls. Daraus entsteht ein Mensch, der äußerst produktiv und intelligent ist, sich von seinen Taten nicht abbringen lässt, aber auf der anderen Seite auch

Pferd-Geborene haben ein fröhliches und offenes Wesen. Sie sind impulsiv und schlagfertig und manchmal, wie ihr tierisches Vorbild, sehr ungestüm und sprunghaft.

unstet, extrem selbstbezogen und freiheitsliebend ist. Das heißt: Wenn diese Pferde nicht genügend Abwechslung und Herausforderung im Alltag finden, verlieren sie die Lust an der Arbeit. Diese Pferde sind dennoch bei allen beliebt wegen ihrer offenen Art und ihrer Intuition. Außerdem verfügen sie über eine große erotische Ausstrahlung und Sinnlichkeit.

Das Wasser-Pferd, 1942, 2002

Dieser Pferde-Typ ist fröhlich, gesellig und humorvoll, liebt schöne Kleidung und sein Wohlergehen. Er ist redegewandt, gebildet, sportlich und reiselustig und nebenbei in der Lage, flexibel auf alle Veränderungen zu reagieren. Ähnlich seinem Element passt er sich blitzschnell der Situation an. Das kann man auch als Wechselhaftigkeit und Verantwortungslosigkeit auslegen. Wenn er dabei rücksichtslos und eigennützig vorgeht, haben wir es mit einem Pferd zu tun, dessen negative Aspekte ausgeprägt sind.

Das Holz-Pferd, 1954, 2014

Bei einem Holz-Pferd haben wir es wahrscheinlich mit dem vernünftigsten unter den fünf Pferde-Typen zu tun. Denn er lässt sich von Logik und Verstand leiten und ist sehr pflichtbewusst. Er ist kein störrischer Alleinunterhalter, sondern ein freundlicher Teamplayer, der nicht nur den eigenen Vorteil im Auge hat. Auf seine Weise ist auch er ein Abenteurer auf der Suche nach neuen Herausforderungen, denn auch in ihm schlummert ein ungestümes, feuriges Pferd. Seine Kraft beweist er auf kreativem Gebiet und beim Entwickeln neuer Ideen.

Das Feuer-Pferd, 1966, 2026

Hier verbindet sich das Feuer-Element mit dem festen Element des Pferdes, das auch das Feuer ist. Entsprechend heißblütig, leidenschaftlich, kämpferisch und willensstark bis hin zu tyrannischem Verhalten ist dieses Pferd.

Monotone Arbeiten sind ihm ein Gräuel, es braucht den Kick, Abwechslung, Betriebsamkeit und Freiheit in seinen Entscheidungen. Daher steht es gern an der Spitze. Dort brilliert es durch Geschick und Einfallsreichtum. Das Feuer-Pferd ist immer unterwegs und bestrebt, seinen vielen Interessen nachzugehen.

Das Erde-Pferd, 1978, 2038

Es ist vernünftiger und weniger ungestüm als sein Feuer-Kollege, aber auch lange nicht so entscheidungsfreudig. Erst nach reiflichem Abwägen handelt es. Das Erde-Pferd hat einen scharfen Verstand, der ihm beruflich gute Dienste leistet. Hier nämlich ist es ein guter Investor mit dem richtigen Gespür für Neuerungen. Dieses Pferd weiß, wie man sein Geld vermehrt. Sein Charakter ist wesentlich ruhiger als der der anderen Pferde. Das Erde-Element lässt es sesshaft werden. Alles in allem ein sehr sympathisches Pferd mit Tendenz zur Launenhaftigkeit.

Das Pferd im täglichen Leben

Im täglichen Leben sind Pferde ihrem Temperament nach ungestüme Wesen, die eigentlich immer in Bewegung sind und es auch sein wollen. Mit viel Schwung und Tatendrang gehen sie eine Sache an. Doch genauso schnell werden sie ungeduldig, wenn sie nicht weiterkommen, weil sich ihnen ein Hindernis in den Weg stellt. Dann wenden sie sich einer anderen Sache zu, denn viel Durchhaltevermögen haben sie nicht. Das stellt auch gar kein Problem für sie dar, denn Pferde sind nicht nur sehr flexibel, sondern auch vielseitig begabt.

Die Freiheit liegt auf dem Rücken der Pferde, heißt ein Sprichwort, im chinesischen Tierkreis liegt sie im Wesen der Menschen dieses Zeichens. Schränkt man ein Pferd in seinen Freiheiten ein, sei es privat oder beruflich, wird man keine große Freude an seinen Fähigkeiten haben. Lässt man es jedoch so gewähren, wie es will, entwickelt es ungeheure Kräfte und Motivation für eine Sache, zumindest am Anfang. Pferde sind entscheidungsfreudig, flink, realistisch und widerstandsfähig, mit feiner Intuition und gutem Instinkt ausgestattet. Von Fehlern lassen sie sich nicht abhalten, selbstbewusst schütteln sie die Mähne und wenden sich etwas Neuem zu.

In Gesellschaft sind Pferde sehr gesellig, unternehmungslustig, humorvoll und äußerst liebenswürdig.

Pferd-Geborene fühlen sich in all den Berufen wohl, in denen sie freien Lauf haben und den Arbeitstag nicht unbedingt in einem Büro zubringen müssen. Wen wundert es, dass man diese Typen oft in der Reisebranche findet, als Reiseführer oder Animateur. Aber auch in der künstlerischen Szene fühlen sich Pferde zu Hause, denn hier können sie sich nach Lust und Laune austoben und ihrem Hang zur Extravaganz und Übertreibung ausgiebig nachgehen. In Banken, in der Politik und überall dort, wo Spontaneität und Anziehungskraft gefragt sind, findet man Menschen, die im Zeichen des Pferdes geboren sind. Ein Pferd als Vor-

Seite 153:
Pferd-Geborene findet man oft in Berufen, in denen sie sich frei bewegen und ihre ungestüme Art ausleben können.

gesetzten zu haben bedeutet, man muss gut im Sattel sitzen, um bei seinem Tempo mitzuhalten.

In ihrer ungestümen Art neigen Pferd-Geborene dazu, das verdiente Geld schnell wieder unter die Menschen zu bringen. Teure Hobbys, ihr Drang, zu reisen und Abenteuer zu erleben, sowie ihr unstillbarer Hunger nach Leben lassen sie mit Geld eher freigiebig umgehen. Einige der Pferd-Naturen haben jedoch ein gutes Händchen für lohnende Investitionen bei Bank- und Börsengeschäften, sodass das ausgegebene Geld schnell wieder eingenommen werden kann.

In der Regel haut ein Pferd, das sportlich, fit und beweglich ist, so schnell nichts um. Für Gesundheit

und Wohlbefinden eines Pferdes ist es wichtig, dass es sein Temperament ausleben kann und genügend Bewegungsfreiheit hat. Dies kann auch sportliche Betätigung sein. Denn hiermit verarbeitet es Probleme, die sich sonst in körperlichen Störungen zeigen würden. Ein bewegungsloses Pferd wird krank, depressiv, launisch und unleidlich. Schnell hat es dann auch „die Nase voll" und im schlimmsten Fall eine Entzündung der Nasennebenhöhlen.

Sprunghafte Pferde und feste Bindungen, das widerspricht sich. Dennoch kommt es immer mal wieder vor, dass Pferd-Geborene den Hafen der Ehe ansteuern, vielleicht gerade deshalb, um auch das einmal auszuprobieren. Als Partner sind sie sehr zärtlich und liebebedürftig. In der Ehe möchte das männliche Pferd gern den Ton angeben, auch was die Erziehung der Kinder angeht. Auf der anderen Seite erhofft er sich von seiner Partnerin Fürsorge und viel Aufmerksamkeit, die jedoch nicht in Kontrolle und Bevormundung enden darf. Ebenso sieht es das weibliche Pferd. Sie braucht Freiheit, Vertrauen und genug Geld, dann bleibt sie treu. Ehen mit Pferd-Geborenen können nur lange halten, wenn ihre Extravaganzen akzeptiert werden und man immer auf ihre spontanen Eingebungen gefasst ist.

Eine Pferd-Frau zu zähmen ist nicht so leicht. Denn sie liebt das Leben und genießt es in vollen Zügen. Auf Partys und Gesellschaften ist sie zu Hause und begeistert dort die Menschen mit ihrem Charme und ihrem fröhlichen Selbstbewusstsein. Die Zahl ihrer Verehrer steigt stetig, der Mann, der an ihrer Seite bestehen darf, muss sie nehmen, wie sie ist, übermütig, sprunghaft und ein wenig chaotisch. Und er darf sie auf keinen Fall einengen.

Beim Pferd-Mann handelt es sich um einen echten „Womanizer“. Er liebt die Frauen, und sie lieben ihn. Außerdem liebt er Feste und viel Gesellschaft um sich, in der er im Mittelpunkt steht. Seine äußere Erscheinung ist immer sehr gepflegt und so gewählt, dass sie Aufmerksamkeit erregt. Denn der gute Eindruck ist dem Pferd-Mann sehr wichtig.

Das Pferd und die anderen Zeichen

Ratte:
Diese Verbindung steht unter keinem guten Stern. Es gibt zu viele Rivalitäten. Pferd und Ratte werden nicht glücklich miteinander.
Büffel:
Der Büffel ist zu materialistisch und kühl für das heißblütige Pferd. Noch nicht einmal die Kommunikation stimmt.
Tiger:
Diese beiden verstehen sich auf Anhieb und vertrauen einander. Gute Grundlage für eine glückliche Beziehung.
Hase:
Zwischen Pferd und Hase fehlen die Gemeinsamkeiten völlig. Daher haben sie sich auch nichts zu sagen. Besser gehen sie sich aus dem Weg.
Drache:
Zwei feurige Typen, die einander respektieren, aber im Geheimen will jeder besser sein als der andere.

Schlange:
Diese Verbindung kommt über Höflichkeitsfloskeln nicht hinaus. Zu groß ist das gegenseitige Unverständnis.
Pferd:
Pferd und Pferd haben naturgemäß viel gemeinsam und können sehr erfolgreich zusammen durchs Leben gehen, auch beruflich.
Schaf:
Hier stimmt die Chemie, auch auf der körperlichen Seite. Beruflich arbeiten sie Hand in Hand.
Affe:
Wenn es um ein gemeinsames Ziel geht, können sie sich zusammenraufen. Doch emotional verbindet sie wenig.
Hahn:
Beide haben unterschiedliche Charaktere und sprechen nicht dieselbe Sprache. Daher geht es eher unterkühlt zu.
Hund:
Ein starkes Team mit dem Zeug zum Traumpaar. Arbeiten privat und beruflich erfolgreich und glücklich zusammen.

Schwein:
Eher zärtliches und liebevolles Verhältnis. Zwar gibt es wenig Gemeinsames, aber auch keine Probleme.

Das Pferd und seine Aszendenten

Wie bei den anderen Zeichen bringt auch beim Pferd-Geborenen der Aszendent zusätzliche Aspekte für die persönliche Entwicklung dieses Menschen.

Geboren in den

- *Stunden der Ratte, 23.00 bis 01.00 Uhr:* Ein liebenswürdiges Pferd, das wie die Ratte sehr geschäftstüchtig ist.

Je nach Einfluss des jeweiligen Aszendenten werden die typischen Pferd-Eigenschaften gestärkt oder geschwächt.

- *Stunden des Büffels, 01.00 bis 03.00 Uhr:* Der Büffel legt dem Pferd die Zügel an. Er verleiht ihm Ernsthaftigkeit und Beständigkeit.
- *Stunden des Tigers, 03.00 bis 05.00 Uhr:* Ein mutiges und geschicktes Pferd, das sich dennoch manchmal verschätzt.
- *Stunden des Hasen, 05.00 bis 07.00 Uhr:* Dieses Pferd neigt nicht zu Übermut und Ungestüm. Der Hase schenkt ihm Vernunft.
- *Stunden des Drachen, 07.00 bis 09.00 Uhr:* Der Drache bringt ein Pferd hervor, das immer auf Hochtouren läuft und dabei von einem Sieg zum nächsten springt. Sehr temperamentvoll.
- *Stunden der Schlange, 09.00 bis 11.00 Uhr:* Mit der Schlange hat das Pferd die Chance, weniger unvernünftig vorzugehen und dabei sehr erfolgreich zu werden.
- *Stunden des Pferdes, 11.00 bis 13.00 Uhr:* Ein echtes Pferd, voller Leidenschaft und Anmut, aber auch sehr von sich überzeugt.

- *Stunden des Schafs, 13.00 bis 15.00 Uhr:* Ein emotionales und einfühlsames Pferd, das sich aber auch gern schmückt und auf Partys sehen lässt.
- *Stunden des Affen, 15.00 bis 17.00 Uhr:* Ein eigensinniges Pferd mit schneller Auffassungsgabe. Kann sich jedoch als oberflächlicher Schwätzer erweisen.
- *Stunden des Hahns, 17.00 bis 19.00 Uhr:* Kein Grund zur Sorge. Das Pferd geht gut gelaunt und mutig durchs Leben.
- *Stunden des Hundes, 19.00 bis 21.00 Uhr:* Der Hund verstärkt Ungeduld und Erregbarkeit des Pferdes, obwohl es eigentlich ein liebenswerter Typ ist.
- *Stunden des Schweins, 21.00 bis 23.00 Uhr:* Ein Pferd mit mehr Seriosität und wohltätigen Eigenschaften.

Das Schaf

Das Schaf ist das achte chinesische Mondzeichen.
Chinesischer Name: „Yan (Yang)"
Regierte Stunden: von 13.00 bis 15.00 Uhr
Festes Element: Feuer
Prinzip: Yin
Jahreszeit: Sommer
Westliches Sternzeichen: Krebs

Schaf-Jahre und Elemente
04.02.1943 – 24.01.1944 ➞ Wasser
24.01.1955 – 10.02.1956 ➞ Holz
09.02.1967 – 28.01.1968 ➞ Feuer
28.01.1979 – 15.02.1980 ➞ Erde
14.02.1991 – 02.02.1992 ➞ Metall
03.02.2003 – 20.01.2004 ➞ Wasser
18.02.2015 – 07.02.2016 ➞ Holz

Das Schaf wird mit den Eigenschaften Freundlichkeit, Sanftmut, Hilfsbereitschaft, Natürlichkeit, soziales Engagement, Kreativität und Sensibilität in Verbindung gebracht. In negativer Ausprägung kann es pessimistisch, grausam, unentschlossen, zerstreut, undiszipliniert und chaotisch sein.

Das Jahr des Schafs

Nach dem turbulenten und extrovertierten Pferd-Jahr geht es jetzt gemäßigt zu. Man kann sich entspannt zurücklehnen und auf sich selbst besinnen. Das Schaf bringt Empfindsamkeit und Hilfsbereitschaft mit. Überall geht es friedlich und gemäßigt zu. Aufkeimende oder bereits bestehende Konflikte können abgewehrt oder freundschaftlich beendet werden, sowohl auf politischem wie privatem Gebiet. Soziale Projekte rücken dagegen in den Vordergrund des Interesses. Darüber hinaus kann man sich den schönen Künsten widmen und die eigene Kreativität ausbilden, das sind die Spezialitäten des Schafs. Für die menschlichen Beziehungen bedeutet das Schaf-Jahr den Beginn wundervoller Freund- und Partnerschaften; auch die Familie steht im Vordergrund. Es ist gut für große Reisen und sorgloses Genießen. Vorsicht jedoch beim Geldausgeben: nur in lohnende Projekte stecken.

Die Schaf-Typen

Durch die Eigenschaften der fünf unterschiedlichen Elemente sind die Wünsche, Bedürfnisse und das Bewusstsein des Schafs in spezifischer Weise geprägt.

Das Metall-Schaf, 1931, 1991

Das Metall unterstützt die künstlerischen Neigungen des Schafs, aber auch seine Empfindsamkeit und Verletzbarkeit. Es verbirgt sie unter einer rauen Schale. Dennoch hat es mehr Selbstbewusstsein und Ehrgeiz als die anderen Schafe und setzt seine Talente geschickt ein, zum Beispiel um das eigene Heim zu verschönern oder Freunden zu helfen. Harmonie und Sicherheit sind ihm sehr wichtig, Veränderungen hasst es. An schlechten Tagen leidet es unter Eifersucht, Besitzansprüchen und wechselnden Stimmungen.

Das Wasser-Schaf, 1943, 2003

Dieses Schaf ist ein wenig einfältig, aber wie das Wasser in der Lage, sich allen Situationen und Menschen anzupassen, um den Widerstand so gering wie möglich zu halten. In der Folge ist es bei allen sehr beliebt und kommt mit allen gut aus, denn es macht stets einen schutzbedürftigen Eindruck. Wenn es Hilfe benötigt, kann es auf eine Menge Helfer zählen. Dankbar und leichtgläubig schließt das Schaf sich dann deren Meinung an.

Wenn es sich unbeachtet und unverstanden fühlt, mimt es gern den Märtyrer.

Das Holz-Schaf, 1955, 2015

Das Holz-Schaf ist sozial engagiert und oft ehrenamtlich tätig. Zu seinen hervorstechendsten Eigenschaften gehören außerdem ein ausgeprägter Optimismus, sein Vertrauen in die Menschen und sein Glaube an das große Glück. Das Holz-Element verleiht ihm eine gewisse Großzügigkeit und Standhaftigkeit. Selbstlos ist es für andere da, hilft und gibt, wo es kann, und lässt sich dabei auch bereitwillig ausnutzen. Denn es fehlt ihm der Wille, sich durchzusetzen. Dennoch fährt es dabei meist nicht schlecht.

Schafe werden als die liebenswürdigsten Vertreter des Tierkreises bezeichnet. Sie sind stets bescheiden,sanftmütig und sehr sensibel.

公羊

Das Feuer-Schaf, 1967, 2027

Das Feuer lässt die Schaf-Eigenschaften mehr in den Vordergrund und in die Öffentlichkeit treten, es bauscht sie aber auch unrealistisch auf. Es verleiht dem Schaf Mut, Energie und Aggressivität. So verfolgt es seine Pläne, von denen es einige hat. Zum Beispiel möchte es in Saus und Braus leben und das Geld mit vollen Händen ausgeben. Das Feuer-Schaf sagt seine Meinung frei heraus und lebt seine Emotionalität in vollen Zügen aus. Manchmal schießt es dabei übers Ziel hinaus.

Das Erde-Schaf, 1919, 1979

Das Erde-Schaf verliert nie den Boden unter den Füßen. Es verkörpert Verantwortungs- und Pflichtbewusstsein, verbunden mit einem ausgeprägten Konservativismus und großer Vorsicht. Um stets genügend Geld zu haben, arbeitet es hart. Aber es kann sich auch ausgelassen amüsieren. Es liebt seinen Freundeskreis und die Familie, lässt sich aber von keinem ganz vereinnahmen.

Das Schaf im täglichen Leben

Menschen, die im Zeichen des Schafs geboren wurden, entsprechen dem weiblichen Prinzip Yin. Daher haben sie ein freundliches, verständnisvolles und empfindsames Wesen. Liebevoll und mitfühlend begegnen sie ihrer Umwelt wie kein anderes Zeichen aus dem Tierkreis. Und daher sind sie auch bei allen ihren Mitmenschen besonders beliebt. Jeder kann sich mit seinen Problemen an sie wenden, keiner wird abgewiesen.

Die Schaf-Geborenen sind hilfsbereit und fürsorglich und in ihrer Art auch ausnehmend friedliebend. Sie sind sehr geduldig und haben ein bemerkenswertes Durchhaltevermögen. Ihre eigene Sensibilität und Verletzbarkeit verstecken sie unter dem dicken Fell. Sie sind Familienmenschen, weil sie gern umsorgen und sich in den Dienst anderer stellen. Daneben sind sie auch ausgemachte Träumer und manchmal fast ein bisschen zu naiv, weil sie stets an das Gute in den Menschen glauben. Schafe sind außerdem sehr kreative und schöpferische Menschen, womit sie oft ihr Geld verdienen. Erfolgsmenschen sind sie allerdings nicht. Lieber ziehen sie sich in ihr Heim im Grünen zurück und sorgen aufopfernd für ihre Lieben. Doch so ganz uneigennützig läuft es nicht. Schafe wollen für ihr Tun schon bewundert und gelobt werden, sonst werden sie ziemlich zickig und meckern herum. Mit ihren Gegnern können sie ausgesprochen unangenehm umgehen.

Schaf-Geborene sind prädestiniert für alle Berufe, die künstlerisches Geschick und Talent erfordern, sei es Maler, Bildhauer, Literat oder Restaurator. Auch im Kunsthandwerk, der Landschaftsarchitektur und im Design findet man Schafe. Auf der anderen Seite haben sie soziales Engagement, sodass man sie auch in den Pflegeberufen, als Erzieher oder Ärzte antrifft. Als Mitarbeiter sind sie sehr geschätzt, weil sie zuverlässig und geduldig die aufgetragenen Arbeiten erledigen und nur selten Kritik üben. Daneben sorgen sie für ein freundliches Betriebsklima und haben für manches Problem der Kollegen ein offenes Ohr. Schaf-Vorgesetzte gibt es, wenn auch selten; dann sind sie jedoch gute Vorbilder.

Geld spielt im Leben eines Schafs keine große Rolle. Es wird benötigt, um den Alltag zu bestreiten, und für ein bisschen Luxus nebenbei. Da es nicht sehr ehrgeizig ist und selten in Führungspositionen aufsteigt, wird der finanzielle Wohlstand des Schafs sich auch im Mittelbereich bewegen. Wenn das Geld nicht reicht, verfällt ein Schaf gern in Melancholie, aus der es nur schwer wieder auftaucht. Andererseits ist ihm das Glück wohlgesonnen. Schnell taucht ein Erbe oder ein finanzstarker Partner auf, und der Geldbeutel wird wieder gefüllt.

Die empfindsame Schaf-Seele neigt zu Melancholie und Pessimismus. Wenn es sich verloren fühlt, dann lassen seine Kräfte nach, und Erschöpfung macht sich breit. Ein angegriffenes Immunsystem führt schnell zu Infekten und Magen-Darm-Erkrankungen. Gern neigen Schaf-Geborene auch zu Leiden mit psychosomatischem Anteil wie Depressionen, Allergien oder Asthma. Dann brauchen sie sehr viel Zuwendung und Aufmerksamkeit. Sonst bricht über ihnen die Welt zusammen.

Schafe sind sehr sensibel und neigen leicht zu psychosomatischen Erkrankungen wie Depressionen, wenn sie sich unverstanden und verloren fühlen.

Wie schon erwähnt, sind Schaf-Geborene absolute Familienmenschen. Sie lieben ihre Familie über alles und erwarten dies auch von ihren Partnern. Die Frauen dieses Zeichens sind liebevolle Ehefrauen und Mütter, die sich für ihre Familie aufopfern und die eigenen Interessen in den Hintergrund stellen. Ihre Kinder erziehen sie zu hilfsbereiten und warmherzigen Menschen, die friedlich und harmonisch aufwachsen dürfen. Für den Mann stellt es eine Lebensaufgabe dar, zu heiraten und Kinder zu haben. Dafür sorgt er für ein gemütliches Heim in schöner Umgebung, Sicherheit und ein gutes Auskommen. Die Ehe kann ein Leben lang dauern, da beide auf gegenseitige Treue bauen.

Die Schaf-Frau ist eine perfekte Vertreterin ihres Geschlechts. Wie keine andere verkörpert sie die Frauen zugeschriebenen Eigenschaften Zärtlichkeit, Warmherzigkeit, Fürsorge und Mütterlichkeit. Der Mann, der sie erobern will, sollte ein Verführer der alten Schule sein, der gern selbst die Initiative ergreift. Die Schaf-Frau träumt vom Märchenprinzen auf dem weißen Pferd, der sie auf sein Schloss holt. Ihre Liebesbedürftigkeit kann zuweilen sehr erdrückend und ihre Eifersucht schrecklich sein.

Der sensible Schaf-Mann wacht sorgsam über seine Gefühle. Er hasst das Alleinsein und sucht sich schnell eine Partnerin. Doch nicht jede Frau schafft es, seinem Herzen nahezukommen. Denn er prüft sehr genau, ob die Anwärterinnen seinen Ansprüchen genügen. Sie sollten kinderlieb, häuslich und sparsam sein, belesen und kulturell gebildet. In der Partnerschaft ist er liebevoll und zärtlich und erwartet von seiner Frau Treue. Wie seine Sternenschwester lebt er gern in einer Traumwelt, aus der er manchmal böse erwachen muss, wenn es um die Pflichten in der realen Welt geht. Doch bald ist er wieder auf dem Boden der Tatsachen und macht sich kreativ an die Erledigung seiner Pflichten.

Das Schaf und die anderen Zeichen

Ratte:

Anfangs ein verliebtes Paar, doch schon bald zeigt die Ratte kein Verständnis für die Empfindsamkeit des Schafs. Hier ist viel Toleranz notwendig.

Büffel:

Gegen die Mauer des Büffels aus Distanziertheit und Emotionslosigkeit muss das Schaf ständig ankämpfen. Das ermüdet.

Tiger:

Schaf und Tiger haben kaum Gemeinsamkeiten und wenig Verständnis füreinander. Nur mit viel Toleranz möglich.

Hase:

Großartige Verbindung mit der Aussicht auf Glück und Erfolg – in jeder Hinsicht.

Drache:

Die Verbindung baut auf der Bewunderung des Schafs für den Drachen auf. Doch die Unterschiede überwiegen.

Schlange:
Es herrscht eine gewisse Anziehung, doch fehlt es beiden an praktischen Talenten. Es kann klappen, wenn sich beide anstrengen.
Pferd:
Ergänzen sich wunderbar. Das Pferd hält dem Schaf den Rücken frei für sein künstlerisches Schaffen.
Schaf:
Beide wollen dasselbe, warum da nicht eine Verbindung eingehen? Beruflich und privat ein prima Team. Auch auf Dauer günstige Prognose.
Affe:
Zwiespältiges Verhältnis. Es reicht für einen kurzen Flirt, doch auf Dauer überfordert der Affe das Schaf mit seiner quirligen Art.
Hahn:
In dieser Beziehung fehlt die Spannung. Es gibt zu viele gegenseitige Vorbehalte. Mit Akzeptanz und gutem Willen ein passables Paar.

Seite 177:
Schafe sind absolute Familienmenschen, die ihre Familie über alles lieben.

Hund:
Der Hund kann mit dem anlehnungsbedürftigen und zartfühlenden Schaf nichts anfangen. Sie haben außerdem wenig gemeinsam.
Schwein:
Zwischen Schaf und Schwein kann es noch die Liebe auf den ersten Blick geben. Beide verstehen sich ohne Worte und arbeiten perfekt zusammen.

Das Schaf und seine Aszendenten

Wie bei den westlichen Sternzeichen bringt auch in der chinesischen Astrologie der Aszendent neue Aspekte für das Wesen eines Menschen.

Geboren in den

- *Stunden der Ratte, 23.00 bis 01.00 Uhr:* Hier herrschen Gefühl und Genusssucht vor. Die Ratte steuert zum Glück noch etwas Verantwortungsgefühl bei.
- *Stunden des Büffels, 01.00 bis 03.00 Uhr:* Ein charmantes, aber stures Schaf mit der Frostigkeit des Büffels.
- *Stunden des Tigers, 03.00 bis 05.00 Uhr:* Schaf mit Temperament, das kreativ und theatralisch zugleich ist.
- *Stunden des Hasen, 05.00 bis 07.00 Uhr:* Ein etwas verschlagenes Schaf, das den eigenen Vorteil sucht.
- *Stunden des Drachen, 07.00 bis 09.00 Uhr:* Das Schaf geht zielstrebig an die Arbeit. Der Drache gibt ihm die nötige Überzeugtheit und Sicherheit dazu.
- *Stunden der Schlange, 09.00 bis 11.00 Uhr:* Hier wird aus dem sensiblen Schaf ein selbstsicherer, entscheidungsfreudiger Typ mit hoher Intelligenz.
- *Stunden des Pferdes, 11.00 bis 13.00 Uhr:* Ein Schaf, das nach Pferd-Manier nicht kleckert, sondern klotzt. Und das macht es mit sehr viel Fantasie.

- *Stunden des Schafs, 13.00 bis 15.00 Uhr:* Hervorstechend sind seine Anhänglichkeit und Unentschlossenheit. Lässt sich gern von anderen aushalten.
- *Stunden des Affen, 15.00 bis 17.00 Uhr:* Von den Affe-Qualitäten Fröhlichkeit, Selbstsicherheit und Lebensmut kann das Schaf enorm profitieren.
- *Stunden des Hahns, 17.00 bis 19.00 Uhr:* Hier geht es drunter und drüber. Es fehlt eine ordnende Hand, die das Schaf-Leben in die richtigen Bahnen lenkt.
- *Stunden des Hundes, 19.00 bis 21.00 Uhr:* Der Hund nimmt dem Schaf die überschießenden Emotionen. So bekommt es eine vernünftige und praktische Seite und sieht die Dinge realistischer.
- *Stunden des Schweins, 21.00 bis 23.00 Uhr:* Sehr gefühlsbetontes Schaf, das jedoch über die nötige Stärke verfügt, um auch in schweren Zeiten zu überleben.

Der Affe

Der Affe ist das neunte chinesische Mondzeichen.
Chinesischer Name: „Hou (Hou)“
Regierte Stunden: von 15.00 bis 17.00 Uhr
Festes Element: Metall
Prinzip: Yang
Jahreszeit: Sommer
Westliches Sternzeichen: Löwe

Affe-Jahre und Elemente
25.01.1944 – 11.02.1945 ➞ Holz
11.02.1956 – 29.01.1957 ➞ Feuer
29.01.1968 – 15.02.1969 ➞ Erde
16.02.1980 – 03.02.1981 ➞ Metall
03.02.1992 – 21.01.1993 ➞ Wasser
21.01.2004 – 08.02.2005 ➞ Holz
08.02.2016 – 27.01.2017 ➞ Feuer

Mit dem Affen werden die Eigenschaften lebhaft, praktisch begabt, mutig, neugierig, vielseitig, unabhängig, witzig und geschäftstüchtig verbunden. In negativer Ausprägung kann er skrupellos, ungeduldig, geschwätzig und albern sein.

Das Jahr des Affen

Das ist das Jahr der unbegrenzten Möglichkeiten. Der Affe versorgt alle Menschen mit dem nötigen Elan, Optimismus und der nötigen Raffinesse, um selbst aussichtslose Vorhaben in die Tat umzusetzen. Darüber hinaus fordert er sie fröhlich auf, auf allen Gebieten – und seien sie noch so riskant – ihr Glück zu versuchen. Selbst Politiker und Wirtschaftsbosse wagen etwas. Und tatsächlich sieht es nach Fortschritt aus. Wer vorausschauend plant und anlegt, dem winken in diesem Jahr ordentliche Gewinne, allerdings muss er im rechten Augenblick schnelle Entscheidungen treffen. Innovationen und Neuerungen sind gefragt, besonders in der Technologiebranche wird man sich in diesem Jahr weiterentwickeln können. Privat genießen die Menschen das Leben.

Die Affe-Typen

Die fünf beschriebenen Elemente prägen den Charakter eines Affe-Geborenen sowie seine Wünsche und Bedürfnisse durch ihre typischen Eigenschaften.

Der Metall-Affe, 1920, 1980

Der Metall-Affe ist genauso leidenschaftlich wie streitbar. Das Metall verstärkt außerdem die Kreativität des Affen. Sein Schaffensdrang ist gewaltig, und das, was er vollbringt, kann sich sehen lassen. Ebenso stark ausgeprägt sind sein Drang nach Unabhängigkeit und sein Wunsch nach finanzieller Sicherheit. Meist arbeitet er – erfolgreich – in seiner eigenen Firma. Bei seinen Mitmenschen ist er gern gesehen, denn er ist ein wahrer Sunny-Boy.

Der Wasser-Affe, 1932, 1992

Hier haben wir es mit einem charmanten, gepflegten und äußerst hilfsbereiten Affen zu tun, der sich weltgewandt und offen gibt und dennoch sehr entschieden sein kann. Er setzt sich für wohltätige Zwecke ein, jedoch nicht ohne insgeheim den ihm zustehenden Dank zu verlangen. Wird dies verkannt, ist er schnell gekränkt. Sein Verständnis für die menschlichen Beziehungen lässt ihn zu einem strategisch geschickt operierenden Menschen werden, der seine Meinung – und sei sie noch so negativ – fantasievoll kundtut und damit auch immer erreicht, was er will. Selbstverständlich ist er auch zu Kompromissen bereit.

Der Holz-Affe, 1944, 2004

Wie das Holz ständig arbeitet und wächst, so gibt sich dieser Typ Affe. Er ist der Entdecker und Forscher unter den Affen. Seine Neugier und sein Ehrgeiz sind fast unstillbar. Er ist an allem interessiert und ruht nicht, bis er sich selbst in eine gehobene Position manövriert hat. Aber auch dort ist er nicht zufrieden, bis er neue Herausforderungen gefunden hat. Dabei ist er mit einer guten Intuition und Neugier ausgestattet, um stets am Ball zu bleiben und den Lauf der Dinge zu beobachten. Rückschläge treffen ihn hart. Der Kontakt zu anderen ist ihm sehr wichtig.

Der Feuer-Affe, 1956, 2016

Bei diesem Typ findet man einen starken Willen und großen Ehrgeiz, verbunden mit der für den Affen typischen ungestümen Art und lebhaften Entschlossenheit. Mit ihr kämpft er sich voller Leidenschaft auf die ersten Plätze vor,

Affen sind sehr vielseitig veranlagt. Sie gelten als lebhaft, mutig und besonders geschäftstüchtig. Ihre Schwächen sind Ungeduld und Skrupellosigkeit.

dabei helfen ihm seine kreative Begabung und sein Talent in Sachen Menschenführung. Einen Feuer-Affen findet man daher oft in Führungspositionen, wo er mit viel Begeisterung und Schwung seine Mitarbeiter motiviert. Zuweilen neigt er dazu, andere beherrschen und belehren zu wollen. Beim anderen Geschlecht kommt der anziehende und gefühlvolle Affe sehr gut an.

Der Erde-Affe, 1968, 2028

Zuverlässigkeit, Ehrlichkeit und Besonnenheit sind die Stärken dieses Typs. Daher kann man ihn getrost als Intellektuellen bezeichnen, der nach Möglichkeit eine akademische Laufbahn einschlägt. Bücher sind sein ständiger Begleiter, sein Wissensdurst verlangt stets Nachschub. Für seine Mitmenschen und seine Familie setzt er sich unumwunden und selbstlos ein. Seine Gefühle sind echt, nicht vorgespielt. Einzig ein wenig Bewunderung und Anerkennung für seine Taten hätte er gern.

Der Affe im täglichen Leben

Wie sein tierisches Vorbild ist der Affe immer in Bewegung, Stillstand hasst er. Mit viel Enthusiasmus und spielerischer Neugier geht er durchs Leben, viele Pläne im Kopf und immer auf der Suche nach einer Möglichkeit, sie umzusetzen. Und mit der ihm eigenen Kreativität und Pfiffigkeit findet er meist, was er sucht. Denn er ist klug, geistvoll und sehr geschickt. Gerade komplizierte Geschäfte ziehen ihn an. Ein Affe hat immer eine Idee auf Lager, er improvisiert gern, und wenn er eine Sache zu seinem Vorteil erledigen kann, kennt er keine Skrupel, auch wenn er dabei einige Tricks anwenden muss. Wird er erwischt, schafft er es, das Ganze als guten Gag darzustellen. Und kaum jemand ist ihm böse – denn er ist sehr charmant, humorvoll und immer gut gelaunt. Aber seine Hilfsbereitschaft und Freundlichkeit sind oft nur das nötige Mittel zum Zweck, nämlich seine Ziele zu erreichen. Sollte einmal etwas schiefgehen, packt der Affe seinen unerschütterlichen Optimismus aus

und denkt sich eine neue Geschichte aus, mit der er die anderen verblüffen oder sogar reinlegen kann. Denn er ist auch ein guter Schauspieler, der seine wahren Gedanken verbergen kann. Bei allem, was er tut, ist die Hauptsache, dass er dabei im Gespräch bleibt, denn er liebt es, im Mittelpunkt zu stehen.

Beruflich findet man einen Affe-Geborenen überall dort, wo Kreativität, Fantasie, Improvisation und überzeugende Redekunst gefragt sind. Affen sind sehr geschickte Verkäufer oder Einzelhändler, die ihren Kunden ganz nebenbei auch unnötige Dinge verkaufen. Als Politiker findet man sie auf den parlamentarischen Brettern, als Schauspieler auf denen, die die Welt bedeuten. Und auf beiden stellen sie ihre Rolle überzeugend dar. Auch Funk, Fernsehen und Zeitungsredaktionen beschäftigen Affen wegen ihres Ideenreichtums. Als Vorgesetzte sind nur wenige Affen geeignet, sie stellen zu hohe Anforderungen. Dafür herrscht unter ihnen ein angenehmes Betriebsklima. Doch Affen

Seite 188:
Affen können gut im Mittelpunkt stehen. Sie sind sehr fantasievoll, redegewandt und verstehen es, Menschen geschickt zu manipulieren.

sind nun mal sehr sprunghaft und halten es in keiner Anstellung lange aus. Spätestens dann, wenn die Herausforderung fehlt, zieht es den Affen weiter.

Für Geld hat der Affe wie für viele Dinge des Lebens ein gutes Gespür. Da er für seine eigenen Bedürfnisse reichlich Geld braucht – er liebt das Leben und alles Schöne, was dazu gehört, zum Beispiel teure Hobbys –, ist er stets bestrebt, auch genügend Geld zu verdienen und es gewinnbringend anzulegen. Leider gibt er es oft mit sehr viel Unvernunft wieder aus. Doch durch geschickte Geschäfte holt er es schnell wieder herein.

Die Gesundheit eines Affen kann man getrost als robust bezeichnen. Affen achten auf ihren Körper, ernähren sich gesund und treiben Sport. Damit werden sie meist sehr alt. Bei dem Tempo, mit dem sie durchs Leben ziehen, könnte ihnen allerdings öfter mal der Atem ausgehen. Daher sollten sie ab und zu mal einen Gang zurückschalten und ein entspannendes Wellnesswochenende einlegen.

In den zwischenmenschlichen Beziehungen sind Affen keine Kinder von Traurigkeit. Der Affe-Mann fehlt natürlich auch auf keiner Party. Mit seinen Eigenschaften ist er der begehrteste Unterhalter und Junggeselle dort. Er kann wie kein anderer Geschichten erzählen. Die Wünsche der Frauen erfüllt er gern und verliebt sich wie seine Sternenschwester mit Hingabe und Leidenschaft. Treu sein ist jedoch nicht seine Spezialität, dafür warten zu viele andere Entdeckungen auf ihn. Also flattert er wie ein bunter Schmetterling von Blüte zu Blüte. Wenn er doch mal heiratet, hat er zumindest eine ganze Menge an Erfahrungen gesammelt.

Und wenn man ihn auf dem Standesamt findet, dann erst spät und nur dann, wenn seine Partnerin es versteht, ihm den Weg dorthin schmackhaft zu machen. Doch die Ehe hält nicht ein Leben lang. Zu sehr locken Freiheit und Abenteuer. In der Ehe muss sie ihm seine Freiheiten lassen und manchmal etwas Abwechslung ins Liebesleben bringen – dann bleibt er, denn Sicherheit ist ihm auch wichtig, gerade wenn er älter wird. Die Kinder werden zu selbstständigen Menschen erzogen, die schnell aus dem Haus wollen. Der Affe-Vater ist kein fürsorglicher Erzieher, sondern ein guter Freund seiner Kinder, mit dem sie viel erleben können.

Die Affe-Frau ist keine Kostverächterin, was das andere Geschlecht angeht. Manche Frau dieses Zeichens schafft es, sich schon sehr früh zu binden – vielleicht aus Neugier. Sie verliebt sich gern, wen sie nicht haben kann, den nimmt sie sich. Ihre Unabhängigkeit ist ihr sehr wichtig, dennoch steuert auch sie zuweilen den Ehehafen an. Sie ist gebildet und kultiviert und hat vielseitige Interessen. Auf Partys steht sie gern im Mittelpunkt, ist witzig und charmant und schafft es spielend, die Menschen mit ihrer Persönlichkeit zu fesseln. Darüber hinaus ist sie auch sehr hilfsbereit und weiß für jedes Problem (fast) immer eine passable Lösung.

Der Affe und die anderen Zeichen

Ratte:
Die beiden vertragen sich bestens und lieben sich innig. Ergänzen sich auch beruflich hervorragend.
Büffel:
Hier herrschen große Vorbehalte und Misstrauen. Für eine lange Beziehung klappt es auch mit der Verständigung nicht.
Tiger:
Da fliegen hin und wieder die Fetzen. Kein sehr harmonisches Miteinander, die beiden haben kaum Verständnis füreinander.
Hase:
Man duldet sich, aber der nötige Respekt fehlt. Zu stark sind die Rivalitäten und Verständnisprobleme.
Drache:
Eine sehr gute Verbindung mit vielen Gemeinsamkeiten und großen Gefühlen. Auch beruflich ein gutes Team.

Schlange:
Zwischen Schlange und Affe läuft alles schief. Es herrscht Misstrauen, sie haben kein Verständnis füreinander und auch sonst keine gemeinsamen Interessen.
Pferd:
Zwischen den beiden herrscht zwar nicht die große Liebe, aber eine solide, aus pragmatischen Gründen geschlossene Partnerschaft.
Schaf:
Affe und Schaf pflegen beide ein eher kühles Verhältnis. Sie gehen sich aus dem Weg, es fehlt das Interesse für den anderen.
Affe:
Mit demselben Zeichen besteht eine gute Beziehung, die von gemeinsamen Interessen, Wünschen und beruflichen Zielen geprägt ist.
Hahn:
Sie begegnen sich recht distanziert. Nur wenn es sein muss, kommen sie miteinander aus.

Hund:
Affe und Hund kommen gut und ohne große Feindseligkeiten miteinander aus, auch beruflich.
Schwein:
Die Voraussetzungen für eine produktive und vertrauensvolle Beziehung sind gegeben. Es bestehen gemeinsame Interessen.

In jedem Affen steckt auch ein geborener Schauspieler, der sich publikumswirksam in Szene setzen kann.

Der Affe und seine Aszendenten

Die Entwicklung eines Menschen wird nicht nur durch sein chinesisches Mondzeichen bestimmt, sondern auch durch das Zeichen, das zur Zeit seiner Geburt herrschte.

Geboren in den

- *Stunden der Ratte, 23.00 bis 01.00 Uhr:* Zwei temperamentvolle Zeichen, die das schöne Leben lieben. Dennoch verliert dieser Affe nie den Boden unter den Füßen.

- *Stunden des Büffels, 01.00 bis 03.00 Uhr:* Der Büffel zügelt den Elan des Affen so weit, dass aus ihm ein eher gemächlicher Zeitgenosse wird.
- *Stunden des Tigers, 03.00 bis 05.00 Uhr:* Der Tiger kann dem Affen das Leben schwer machen, wenn er ungestüm und zu selbstverliebt in sein Verderben rennt.
- *Stunden des Hasen, 05.00 bis 07.00 Uhr:* Dieser Affe geht mit Vorsicht und Bedacht vor. Auf seine Intuition im Umgang mit Menschen kann man sich verlassen.
- *Stunden des Drachen, 07.00 bis 09.00 Uhr:* Vom Drachen bekommt der Affe eine gehörige Portion Ehrgeiz und Strebsamkeit mit auf den Weg. Da er zu gewissenhaft ist, übernimmt er sich oft.
- *Stunden der Schlange, 09.00 bis 11.00 Uhr:* Wenn der pfiffige Affe die weise Schlange trifft, kann daraus ein blitzgescheiter und bemerkenswerter Mensch werden.
- *Stunden des Pferdes, 11.00 bis 13.00 Uhr:* Durch das Pferd wird der Affe sprunghaft und leichtsinnig; keiner, auf den man sich verlassen kann.

- *Stunden des Schafs, 13.00 bis 15.00 Uhr:* Ein liebenswerter, romantischer Affe, den man dennoch nicht unterschätzen darf, was seine Intrigen angeht.
- *Stunden des Affen, 15.00 bis 17.00 Uhr:* Hier verbinden sich der Optimismus und die gute Laune zweier Affen. Mit Geist, Witz und viel Fantasie kommt er gut durchs Leben.
- *Stunden des Hahns, 17.00 bis 19.00 Uhr:* Dieser Affe will, wie der Hahn, fliegen können, um an die höchsten Stellen zu gelangen. Dabei lässt er auch gern alle Konventionen hinter sich.
- *Stunden des Hundes, 19.00 bis 21.00 Uhr:* Mancher Kabarettist könnte ein Affe mit Aszendent Hund sein. Typisch ist der trockene, leicht sarkastische Humor. Dennoch ein beliebter Zeitgenosse.
- *Stunden des Schweins, 21.00 bis 23.00 Uhr:* Auch wenn er immer an erster Stelle stehen will, ist der Affe mit dem Schwein als Aszendenten eigentlich recht umgänglich. Er hält sich mit Sport fit.

Der Hahn

Der Hahn ist das zehnte chinesische Mondzeichen.
Chinesischer Name: „Gie (Yi)“
Regierte Stunden: von 17.00 bis 19.00 Uhr
Festes Element: Metall
Prinzip: Yin
Jahreszeit: Herbst
Westliches Sternzeichen: Jungfrau

Hahn-Jahre und Elemente
12.02.1945 – 01.02.1946 ➡ Holz
30.01.1957 – 17.02.1958 ➡ Feuer
16.02.1969 – 05.02.1970 ➡ Erde
04.02.1981 – 24.01.1982 ➡ Metall
22.01.1993 – 09.02.1994 ➡ Wasser
09.02.2005 – 28.01.2006 ➡ Holz
28.01.2017 – 15.02.2018 ➡ Feuer

Der Hahn wird als mutig, stolz, loyal, freundlich, einfallsreich, enthusiastisch und zärtlich beschrieben. In negativer Ausprägung kann er verschwenderisch, eitel, rechthaberisch, unbeständig und misstrauisch sein.

Das Jahr des Hahns

Das Hahn-Jahr setzt in gewisser Weise fort, was im Jahr des Affen begonnen hat. Auch er verspricht glückliche Zeiten voller Optimismus und viel Gelegenheit zu feiern.

Dennoch ist der Hahn jemand, der sich gern eitel aufplustert, auf den höchsten Kirchturm fliegt und laut herumkräht. Er neigt zu Selbstüberschätzung und einem theatralischen Auftreten. Und die Projekte, von denen er spricht, sind nur halb so lukrativ, wie er es gern hätte, oder erfordern viel Mühe und Arbeit, bis sie Früchte tragen. Man sollte also besser auf dem Boden der Tatsachen bleiben und nicht in fantastische Träumereien verfallen oder zu viel verlangen. Dennoch ist es kein erfolgloses Jahr. Der Hahn bringt Aufschwung, und er sorgt für Recht und Ordnung. In der Politik wird geredet, ohne dass viel dabei herauskommt. Jeder ist zu sehr mit sich selbst beschäftigt.

Die Hahn-Typen

Die fünf beschriebenen Elemente bestimmen durch ihre besonderen Merkmale die Wünsche und Bedürfnisse sowie das geistige Streben des Hahns.

Der Metall-Hahn, 1921, 1981

Der Metall-Hahn ist geprägt von Arbeitseifer, Entschlusskraft und Pragmatismus, wobei das Element ihn zu Starrsinn und Dogmatismus neigen lässt. Er ist ein Ordnungsfanatiker und beherrscht es, die Sachverhalte mit präziser Logik auf den Punkt zu bringen. Dabei hilft ihm seine

Hähne gelten als stolz und mutig, loyal und freundlich. In negativer Ausprägung können sie verschwenderisch und eitel sein.

brillante Rhetorik. Ansonsten ist er ein leidenschaftlicher Idealist, der nach Wohlstand strebt, aber auch gesellschaftliche Reformen begrüßt.

Der Wasser-Hahn, 1933, 1993

Dieser Hahn ist der intellektuelle Typ, dessen Liebe den Naturwissenschaften und schönen Künsten gilt. Deren Fortschritt ist ihm wichtig, und hierfür engagiert er sich. Sein Rede- und Schreibtalent ist ihm dabei eine große Hilfe. Er hat einen scharfen, klaren Verstand und denkt wesentlich vernünftiger als die anderen Hahn-Typen. Auftretende Schwierigkeiten meistert er mit Bravour. Bei ungünstigen Bedingungen kann er zu Perfektionismus neigen.

Der Holz-Hahn, 1945, 2005

Solide wie sein Element ist dieser Typ, dazu noch ausgesprochen ehrlich, großzügig, aufgeschlossen und fortschrittsorientiert. Man kann sich auf seine Loyalität und Rücksichtnahme verlassen, auch wenn er schnell zur Pedanterie neigt und die Dinge gern verkompliziert. Seine Ziele verfolgt er mit Hartnäckigkeit und Perfektion, eins davon ist die Veränderung der gesellschaftlichen Missstände. Auf menschlicher Ebene lebt und arbeitet der Holz-Hahn gern in der Gemeinschaft.

Der Feuer-Hahn, 1957, 2017

Mit Feuereifer und hoher Motivation macht sich dieser Hahn an die Arbeit. Er führt sie mit großem Geschick und Präzision durch, denn er will Erfolg haben. Als Organisationstalent mit festen Maßstäben und manchmal auch als Individualist, der sich um die Meinung der anderen nicht kümmert, ist er eine ausgesprochene Führungspersönlichkeit. Außerdem ist er ein Kämpfer und einer, der zuweilen zu kleinlich auf die Fehler der anderen sieht. An schlechten Tagen ist er launisch, nervös und leicht reizbar.

Der Erde-Hahn, 1969, 2029

Dieser Hahn ist ein Realist und wissensdurstiger Analytiker zugleich. Er möchte wissen, was die Erde im Innersten zusammenhält, und sucht beständig nach neuen Erkenntnissen dazu. Seine Arbeit erledigt er verantwortungsvoll und präzise und verlangt dies auch von anderen. Geradezu missionarisch versucht er seine Mitmenschen von seiner (richtigen) Meinung zu überzeugen. Da er stets bemüht ist, seiner Tätigkeit einen weitreichenden Sinn zu geben, hält er seine Erkenntnisse für die Nachwelt fest. Dafür wünscht er sich ein bisschen Lob und Anerkennung. Ansonsten ist er anspruchslos.

Der Hahn im täglichen Leben

Hähne sind schillernde und stolze Persönlichkeiten. Sie legen Wert auf ihr Äußeres, ihre Körperhaltung und Stil, die ihre Attraktivität und nahezu königliche Ausstrahlung optimal ergänzen. Dabei sind sie jedoch nur in negativer Ausprägung eingebildet oder anmaßend, wie ihnen viele unterstellen. Sie kennen ihre Werte, und es gehört einfach zu ihrem Lebensgefühl, sich zu pflegen, sich gut zu benehmen und anderen zu gefallen. Vielleicht kann man ihnen Affektiertheit nachsagen.

Hahn-Geborene sind intelligent, gebildet und redegewandt und stehen in Gesellschaft mit ihren Geschichten gern im Mittelpunkt, auch wenn sie nicht ganz authentisch sind, das stört niemanden. Die Gesellschaft eines Hahns macht das mehrfach wett. Darüber hinaus interessieren sie sich für ihre Umwelt und Mitmenschen, sind neugierig, aufmerksam und offen für alles Neue. Nichts entgeht ihnen. Für sich selbst streben sie nach Wissen und Weiterbildung. Beides nutzen sie, um beruflich weiterzukommen, denn ihr Weg soll sie direkt nach oben führen. Sie brauchen eine sinnvolle Aufgabe im Leben. Ihr gutes Gespür für Geschäfte, ihre Entschlossenheit, Tatkraft und

Gründlichkeit zeichnen sie als talentierte Geschäftsleute aus, in deren Umfeld man sich gern bewegt.

Beruflich sucht ein Hahn ständig nach neuen Beschäftigungen und dann nach solchen, bei denen es auf Detailgenauigkeit ankommt. Er ist der geborene Lektor, der Manuskripte redigiert oder Korrektur liest. Auch als Repräsentant oder Modeschöpfer beziehungsweise Modeverkäufer ist er prädestiniert, da er Sinn für Stil hat. Dank seiner ausgeprägten Gründlichkeit und seines Perfektionismus will der Hahn alle Arbeiten zu vollster Zufriedenheit erledigen. Dafür macht er auch gern mal Überstunden. Hahn-Mitarbeiter sind eben aus diesem Grund sehr beliebt bei Chefs. Und wenn der Hahn für seine Leistung gelobt wird, arbeitet er noch einmal so schnell.

Hahn-Geborene legen sehr viel Wert auf ihr Äußeres. Ihr Stil und ihre königliche Ausstrahlung sorgen überall für Aufmerksamkeit.

Hähne haben zu Geld eine praktische und sehr vernünftige Einstellung: Man braucht es, um zu leben. Sie häufen keine Reichtümer an, doch ein kleiner Betrag auf der hohen Kante sollte stets da sein, um für Unvorhergesehenes gerüstet zu sein. Dafür kann ein Hahn auch zeitweise weniger verschwenderisch leben, als er es sonst tut. Sein Ziel sind ein sorgenfreies Alter und ein gepflegtes Eigenheim mit ausgesuchtem Inventar. Auf der anderen Seite sind Hähne auch großzügig und geben gern ab.

Mit ihrer Gesundheit und ihrem Körper gehen Hähne allzu oft nachlässig um. Hahn-Geborene haben mit Herz-Kreislauf-Störungen und hohem Blutdruck zu tun, da sie zu viel arbeiten und ihrem Körper zu viel abverlangen. Schlafstörungen, Nervosität, Konzentrationsstörungen und Verdauungsprobleme können dazukommen, wenn sie sich allzu perfekt um alles kümmern wollen. Da sind Abschalten und Entspannen dringend angeraten, bevor der Körper „Stopp“ sagt.

Den zwischenmenschlichen Beziehungen sind Hähne nicht abgeneigt. Mit einem stolzen und schönen Hahn-Mann möchte sich jede Frau schmücken. Das ist gar nicht so schwer, denn Hähne sind mit schmeichelnden Worten und zärtlichen Gesten schnell zu überzeugen. Andererseits hat auch der Hahn keine Schwierigkeiten, mit seinem Charme eine Frau für sich zu gewinnen, und sei sie noch so reserviert. Der Hahn nimmt selbst das Flirten ernst – oberflächliche Affären gibt es bei ihm nicht. Wie der Hahn im Hühnerhof würde er sich gern mit einer ganzen Schar Frauen umgeben, denn in ihrer Gesellschaft fühlt er sich als sprichwörtlicher Hahn im Korb. Daher hat der Hahn auch wenig männliche Freunde.

In der Ehe lieben es die Hahn-Geborenen harmonisch und friedlich. Die Hahn-Frau mit dem Prinzip Yin in sich ist eine überaus weibliche Vertreterin. Sie umsorgt gern und möchte umsorgt werden. Sie ist attraktiv, elegant und liebt alles Schöne sowie ein gemütliches Zuhause.

Bei der Partnersuche achtet sie auf Zuverlässigkeit und Humor. Wenn sie den Richtigen gefunden hat, bindet sie sich früh. Ihrem Partner ist sie eine treue und hingebungsvolle Geliebte, die ihn „Hahn im Korb" sein lässt. Sie versteht es, ihren Ehemann zu verwöhnen und immer für ihn da zu sein. Auf sexuellem Gebiet ist sie eine fantasievolle Geliebte. Dafür möchte sie auch nach Jahren noch die einzige Frau in seinem Leben sein. Wenn nicht, wird sie sehr verletzt reagieren und mit ihrer Eifersucht nicht hinter dem Berg halten. Ihre Kinder liebt die Hahn-Frau zwar von ganzem Herzen, doch ihr Ehemann steht an erster Stelle. Da müssen die Kinder manchmal zurückstehen.

Wenn Hahn-Männer heiraten, dann ist es eine Frau, die sie vorzeigen können und die sie zu Hause in ihrem Nest liebevoll umsorgt. Dass er ab und zu mal zu anderen Hennen schaut, muss sie akzeptieren. Als Vater ist der Hahn streng und überaus konservativ.

Der Hahn und die anderen Zeichen

Ratte:
Die beiden sollten sich besser aus dem Weg gehen. Alles andere wäre vergebliche Liebesmühe.
Büffel:
Hier sieht es sehr gut aus mit der Partnerschaft: ein Traumpaar mit vielen gemeinsamen Interessen, auch beruflich unschlagbar.
Tiger:
Der Beziehung fehlen Wärme und Herzlichkeit. Außerdem bestehen Animositäten und Kommunikationsprobleme.

Seite 210:
Die Hahn-Frau umsorgt ihren Partner liebevoll und fürsorglich und lässt ihn den „Hahn im Korb" sein.

Hase:

Diese Verbindung klappt gar nicht. Beiden fehlt das Verständnis füreinander, und ständig liegt Streit in der Luft.

Drache:

Sehr passables Verhältnis mit viel gegenseitigem Verständnis. Können es zu Erfolg und Wohlstand bringen.

Schlange:

Keine Liebe, aber tiefe Freundschaft verbindet diese beiden. Auch beruflich können sie aufeinander bauen.

Pferd:

Die Grundlagen für eine Verbindung sind da; was stört, sind die unterschiedlichen Charaktere.

Schaf:

Sie dulden sich mit zusammengebissenen Zähnen. Das gegenseitige Misstrauen ist sehr groß.

Affe:

Können sich zusammenraufen, wenn es um gemeinsame Ziele geht. Ansonsten herrscht ein eher unpersönliches Verhältnis.

Hahn:
Zwei Hähne entpuppen sich als Streithähne und fechten Machtkämpfe um die Vorherrschaft aus. Besser geht jeder in seinen eigenen Hühnerhof.
Hund:
Die beiden können sich nicht wirklich riechen. Mit ein bisschen Kraftaufwand kommt ein tolerantes Verhältnis heraus.
Schwein:
Die wenigen Gemeinsamkeiten reichen kaum aus, um die beiden zusammenzubringen – nur wenn es unbedingt sein muss.

Der Hahn und seine Aszendenten

Der Aszendent eines Hahns prägt dessen Charakter durch bestimmte Merkmale, sodass die typischen Hahn-Eigenschaften gestärkt oder geschwächt werden.

Geboren in den

- *Stunden der Ratte, 23.00 bis 01.00 Uhr:* Ein Hahn, der durch den Charme der Ratte liebenswert wird. Selbst seine Streitsucht ist erträglich.
- *Stunden des Büffels, 01.00 bis 03.00 Uhr:* Der Büffel erdet den Hahn, aber seinen Dogmatismus und sein Machtstreben kann er ihm nicht nehmen.
- *Stunden des Tigers, 03.00 bis 05.00 Uhr:* Dieser Hahn neigt zu Unentschlossenheit und Inkonsequenz. Sein Verstand arbeitet weniger logisch.
- *Stunden des Hasen, 05.00 bis 07.00 Uhr:* Der Hahn schlägt Haken wie ein Hase. Ansonsten ist er ein braver Bürger, der still seiner Arbeit nachgeht.
- *Stunden des Drachen, 07.00 bis 09.00 Uhr:* Der Drache fördert nicht gerade die feinfühlige Seite des Hahns. Er spukt Feuer, wenn jemand an seiner Stellung kratzt.
- *Stunden der Schlange, 09.00 bis 11.00 Uhr:* Ein zurückhaltender Hahn, der von der Weisheit der Schlange profitiert und seine sonst scharfe Zunge im Zaun hält.

- *Stunden des Pferdes, 11.00 bis 13.00 Uhr:* Beide Zeichen sind extrovertiert und haben ausgefallene Ideen. Das Pferd schärft den Sinn des Hahns für lohnende Projekte.
- *Stunden des Schafs, 13.00 bis 15.00 Uhr:* Diese Kombination verspricht einen sanftmütigen Hahn, der sich selbst nicht ganz so wichtig nimmt.
- *Stunden des Affen, 15.00 bis 17.00 Uhr:* Ganz schön cleverer Vogel, der weiß, was er will. Aber ein sehr sympathischer Zeitgenosse.
- *Stunden des Hahns, 17.00 bis 19.00 Uhr:* Ein außergewöhnlicher Hahn, der wegen seiner Exzentrik, aber auch peniblen und überkritischen Art andere nicht immer erfreut.
- *Stunden des Hundes, 19.00 bis 21.00 Uhr:* Das ist ein Hahn ohne Starallüren, aber mit spitzer Zunge. Neigt zu Launenhaftigkeit.
- *Stunden des Schweins, 21.00 bis 23.00 Uhr:* Mit dem Schwein wird aus dem Hahn ein selbstverliebter, aufdringlicher Typ. Dennoch ist er eine ehrliche Haut.

Der Hund

Der Hund ist das elfte chinesische Mondzeichen.
Chinesischer Name: „Gou (Gou)"
Regierte Stunden: von 19.00 bis 21.00 Uhr
Festes Element: Metall
Prinzip: Yang
Jahreszeit: Herbst
Westliches Sternzeichen: Waage

Hund-Jahre und Elemente
02.02.1946 – 21.01.1947 ➡ Feuer
18.02.1958 – 06.02.1959 ➡ Erde
06.02.1970 – 25.01.1971 ➡ Metall
25.01.1982 – 12.02.1983 ➡ Wasser
10.02.1994 – 29.01.1995 ➡ Holz
29.01.2006 – 15.02.2007 ➡ Feuer
16.02.2018 – 04.02.2019 ➡ Erde

Für den Hund werden die Eigenschaften tolerant, ehrlich, mutig, anhänglich, aufmerksam, hartnäckig und zuverlässig angegeben. In negativer Ausprägung kann er skeptisch, boshaft, störrisch und pessimistisch sein.

Das Jahr des Hundes

In diesem Jahr stehen Gerechtigkeit, Gleichberechtigung und soziale Verbesserungen im Vordergrund, der Einzelne ist idealistisch veranlagt und weniger materiell orientiert. Sowohl privat wie im öffentlichen Leben herrschen Harmonie und Zuversicht. Doch wäre es kein Hund-Jahr, wenn es nicht (gerade durch die genannten Werte) auch Konflikte und politischen Aufruhr gäbe, die sich jedoch schon bald lösen lassen. Dafür stellt die Hund-Energie genügend Vernunft zur Verfügung. In diesem Jahr sollte man sich nicht übernehmen, sondern privat zurückziehen und innerhalb der Familie Ruhe und Entspannung suchen.

Die Hund-Typen

Welche Eigenschaften, Wünsche und Bedürfnisse sich bei einem Hund-Geborenen durchsetzen, wird neben seinem Tierkreiszeichen auch durch das Element bestimmt, das im Jahr seiner Geburt herrschte.

Der Metall-Hund, 1970, 2030

Das Metall ist auch das feste Element des Hundes. Daher ist dieser Hund in allem, was er tut, besonders „eisern“. Kraftvoll und entschlossen kämpft er für die gerechte Sache, und wer sich ihm in den Weg stellt, dem zeigt er die Zähne und beißt im schlimmsten Fall auch zu. Der Metall-Hund ist äußerst prinzipientreu und loyal und weiß immer genau, auf welcher Seite er steht. Doch zu Hause ist der gestrenge Mensch ein kuscheliger Schoßhund, der alles für seine Familie tut, seine Kinder liebt und ihnen treu ergeben ist.

Der Wasser-Hund, 1982, 2042

Das Wasser verleiht dem Hund Nachdenklichkeit und viel Intuition. Andern gegenüber ist er aufgeschlossen und großzügig, dennoch hat er immer Recht und Gesetz im Auge. Seine Mitmenschen und Freunde schätzen ihn, denn er ist der psychologische Berater, der diplomatische Vermittler dort, wo Konflikte auftauchen, und der belesene Philosoph, mit dem man sich gut unterhalten kann. Seine äußerliche Erscheinung ist sehr attraktiv und anziehend.

Hunde sind tolerante, ehrliche und anhängliche Zeitgenossen. In schlechten Stimmungen wirken sie störrisch und boshaft.

Der Holz-Hund, 1934, 1994

Ein Holz-Hund ist ein höchst sympathischer Mensch, ein warmherziger, hilfsbereiter und rücksichtsvoller Genießer mit einem großen Interesse an den schönen Künsten und ansonsten auch allem anderen, was das Leben schöner macht. Er ist aber auch stets darauf bedacht, seine Fähigkeiten zu verbessern, um damit wertvolle Arbeit bei internationalen Organisationen zu leisten. Dieser Hund verfügt über eine große Menschenkenntnis und sucht sich seine Freunde sehr genau aus. Dennoch liebt er auch die Gemeinschaft, die sein sozialer Rückhalt ist.

Der Feuer-Hund, 1946, 2006

In diesem Typ verbinden sich Idealismus und Enthusiasmus genauso wie eine große Willensstärke, der Drang nach Gerechtigkeit und eine hundetypische Angriffslust. Alle diese Eigenschaften werden durch das Feuer-Element am Lodern gehalten. Dieser Mensch ist so von seinen Ideen überzeugt und verfügt über so viel Charisma und Charme, dass er andere mühelos mitreißt. Und das tut er gern auf höchst dramatische und öffentlichkeitswirksame Weise, was ihm jedoch niemand übel nimmt. Er ist ein Freigeist. Auf der Suche nach immer neuen Herausforderungen entwickelt er eine ungeheure Kreativität.

Der Erde-Hund, 1958, 2018

Dieser Hund macht seinem Element alle Ehre. Er ist realistisch, aufrichtig, vernünftig und praktisch begabt. Seine hohen Moralvorstellungen und Prinzipien sind unumstößlich. Keine seiner Handlungen und keiner seiner Ratschläge erfolgt, ohne dass sie vorher gründlich bedacht wurden. Daher wird er gern um Rat gefragt. In Führungspositionen ist er als guter Menschenkenner bestens aufgehoben. Auch wird man keinen Erde-Hund finden, den Macht überheblich werden lässt.

Der Hund im täglichen Leben

Der Hund ist ein Rudeltier und ein treuer Begleiter, so auch der Mensch, der in diesem Zeichen geboren wurde. Sein „Rudel" ist sein Freundeskreis, seine Kollegen oder seine Familie. Zu ihnen fühlt er sich zugehörig und bleibt ihnen stets treu und loyal verbunden. Gerechtigkeit und Gleichberechtigung gehören zu seinen Grundprinzipien. Außerdem werden ihm Anpassungsfähigkeit, Anhänglichkeit, Ausdauer und Ehrlichkeit zugeschrieben. Mit seinen sanften Augen erobert er die Herzen seiner Mitmenschen im Flug und ist bei allen auf Anhieb beliebt. Auf seine überaus liebenswerte Art ist er immer zur Stelle, um Gutes zu tun. Er will es allen recht machen und niemandem wehtun, dafür gibt er großzügig sein letztes Hemd. Bescheiden, wie er ist, will er keinen Dank für seine Wohltaten. Muss er seine Familie gegen Angreifer verteidigen oder Unrecht bekämpfen, dann erwacht in ihm der Wolf. Doch eigentlich kann er Menschen ganz gut einschätzen und wird schon, bevor sich Unheil anbahnt, intuitiv die Notbremse ziehen. Ein Hund-Geborener ist eher der konservative Bewahrer alter Traditionen als der innovative Freigeist. Typische Hund-Hobbys sind Sport, Musik und Kunst. Neben etwas zu viel Pessimismus hat der Hund aber auch viel Humor und ist durchaus in der Lage, auch mal richtig ausgelassen zu feiern.

Auch im Beruf sind Hunde Rudeltiere, das heißt, sie streben keine Führungsposition an – obwohl sie mit guten Führungsqualitäten ausgestattet sind. Lieber sitzen sie unter den Kollegen und halten die Bürolaune und das Gemeinschaftsgefühl hoch. Ein Hund braucht fest umrissene Aufgabenbereiche, aber auch das Gefühl, sinnvolle Arbeit zu leisten. Seine Eigenschaften wie Zuverlässigkeit, Vertrauenswürdigkeit und Koordinationsvermögen zeichnen ihn für Berufe wie Arzt und Chirurg aus, sein soziales Engagement und sein Einfühlungsvermögen für den Psychologen oder Lehrer. Mit seinem Gerechtigkeitssinn ist er für juristische Berufe geeignet. Zuweilen findet man auch im aufdeckenden Journalismus Hund-Geborene.

Mit Geld gehen Hunde entsprechend verantwortungsvoll um. Früh beginnen sie zu sparen und das Nötige für die Zukunft und die Familiengründung zurückzulegen. Geldausgaben werden wohl erwogen. Hat der Hund genügend Geld zur Verfügung, kann er das durchaus genießen und großzügig sein, aber er kommt auch gut mit wenig aus. Eine seiner liebenswertesten Eigenschaften ist, dass er seinen Wohlstand gern mit anderen teilt.

Die Gesundheit des Hundes steht und fällt mit seiner seelischen Verfassung. Organische Beschwerden treten selten auf. Doch da er ein Verstandesmensch ist und Gefühle lieber unterdrückt, als sie auszudrücken, kann es sein, dass sie sich in körperlichen Störungen bemerkbar machen. Darüber hinaus leiden Hund-Geborene oft unter Allergien, wie zum Beispiel Heuschnupfen, die natürlich auch vom Seelenzustand beeinflusst werden.

Hat ein Hund-Geborener eine eigene Familie, ist sie sein Rudel, auf das er aufpasst, für das er sorgt und das er vor Feinden beschützt. Wenn es sein muss, arbeitet er hart, um seiner Familie ein schönes Heim einzurichten. Er sorgt für den Familienzusammenhalt und gute Beziehungen der Familienmitglieder untereinander. Da hat er manchmal alle Hände voll zu tun, und sein Idealismus lässt ihn sogar noch an einer Beziehung festhalten, wenn die Verhältnisse längst zerrüttet sind.

Die Hund-Frau ist eine äußerst sensible Vertreterin ihres Geschlechts. Das bedeutet, dass sie einerseits wunderbar zärtlich und verschmust ist, andererseits aber auch sehr nachtragend und launisch werden kann, wenn sie sich schlecht behandelt fühlt. Ansonsten ist sie eine vollendete Dame, die in Gesellschaft durch ihr perfektes Äußeres und ihren reizenden Charme auffällt. In dieser Bewunderung sonnt sie sich. Wer sie erobern will, sollte ihr öfter Komplimente machen und ihre Fähigkeiten loben. Als Geliebte entwickelt sie sehr viel erotische Fantasie.

Als Mutter sind Hund-Frauen ebenfalls großartig. Sie lieben ihre Kinder abgöttisch und sind sehr fürsorglich, sodass sie sie fast erdrücken.

Der Hund-Mann kommt bei Frauen sehr gut an, weil er nicht nur äußerst attraktiv ist, sondern auch eine sehr warmherzige und gütige Ausstrahlung hat. Den Rest besorgen seine sanften „Hundeaugen". Er ist ehrlich und vertrauensvoll und natürlich seiner Geliebten absolut treu. Er bietet ihr Sicherheit, Zuverlässigkeit, Geborgenheit und so manch liebevolles Geschenk sowie das Versprechen, immer für sie da zu sein und mit ihr durch dick und dünn zu gehen. Auf sexuellem Gebiet hat der Hund-Mann auch einiges zu bieten. Seinen Kindern ist er ein fürsorglicher Vater, der ihnen die Gebote sozialen Handelns schon früh beibringt und sie für die besten Kinder der Welt hält.

Hund-Männer sind fürsorgliche Väter, die alles für ihre Kinder tun und sie für die besten Kinder der Welt halten.

Der Hund und die anderen Zeichen

Ratte:

Eine erfolgreiche Kombination mit Achtung und Respekt. Hund und Ratte kommen auch beruflich gut voran.

Büffel:

Der Hund ist für den Büffel kein passender Partner. Es kriselt, weil die Chemie nicht stimmt. Sie haben keine gemeinsamen Ambitionen.

Tiger:

Bei diesen beiden klappt die Verständigung optimal. Können es gemeinsam weit bringen.

Hase:

Hier besteht eine Art Seelenverwandtschaft, die zu Glück und Wohlstand führt. Ein schönes Paar.

Drache:

Der Drache spuckt Feuer, wenn er einen Hund sieht, und der Hund bellt und beißt. Eine unheilvolle Allianz, die man besser vermeidet.

Schlange:
Hier besteht ein ganz passables Miteinander, das für ein gutes Arbeitsverhältnis und beruflichen Erfolg taugt.

Pferd:
Die beiden haben das Zeug für eine äußerst glückliche gemeinsame Zukunft – privat wie beruflich.

Schaf:
Schaf und Hund bilden eine fast neutrale Verbindung mit wenig gegenseitigem Interesse. Man toleriert sich.

Affe:
Hier ist eine vernünftige Verbindung möglich, die auf soliden Beinen steht. Jeder bewundert den anderen.

Hahn:
Eine kühle Sache ist das zwischen Hund und Hahn. Es gibt versteckte Animositäten und wenig Sympathie. Sie gehen sich besser aus dem Weg.

Hund:
Hund und Hund agieren auf der gleichen Ebene. Sie verstehen sich, mögen sich, arbeiten gut zusammen.

Schwein:
Es könnte besser gehen, aber dennoch eine ganz annehmbare Verbindung. Keine Konfliktpunkte.

Der Hund und seine Aszendenten

Die Stunde der Geburt spielt für die Entwicklung eines Hund-Geborenen eine besondere Rolle, denn je nachdem, welches Zeichen herrschte, prägt es seinen Charakter.

Geboren in den

- *Stunden der Ratte, 23.00 bis 01.00 Uhr:* Ein netter Hund, der aber ein bisschen zu materialistisch ist.
- *Stunden des Büffels, 01.00 bis 03.00 Uhr:* Ein strebsamer, stark konservativer und moralischer Mensch.
- *Stunden des Tigers, 03.00 bis 05.00 Uhr:* Durch den Tiger bekommt der Hund mehr Mut, Leidenschaft und Kampfeslust – manchmal auch zu viel Kritiksucht.

- *Stunden des Hasen, 05.00 bis 07.00 Uhr:* Ein gemütlicher Hund, den man nicht so leicht reizen kann. Er lehnt sich lieber entspannt zurück.
- *Stunden des Drachen, 07.00 bis 09.00 Uhr:* Mit Missionarseifer zieht dieser Hund durchs Leben und vollbringt gute Werke. Leider ist er etwas intolerant.
- *Stunden der Schlange, 09.00 bis 11.00 Uhr:* Die Schlange macht ihn nachdenklich und geistvoll. Nur manchmal schlägt er über die Stränge.
- *Stunden des Pferdes, 11.00 bis 13.00 Uhr:* Flink wie ein Pferd bewegt sich dieser Hund gut gelaunt im Kreis seiner vielen Freunde. Lässt sich jedoch nicht gern auf etwas festlegen.
- *Stunden des Schafs, 13.00 bis 15.00 Uhr:* Ein sanftmütiger, liebenswerter Hund, der die Schwächen der Menschen akzeptiert. Hat eine künstlerische Begabung.
- *Stunden des Affen, 15.00 bis 17.00 Uhr:* Ein ziemlich pfiffiger Kerl. Hat Charakter, Humor und sehr oft originelle Einfälle.

- *Stunden des Hahns, 17.00 bis 19.00 Uhr:* Ein guter Theoretiker mit einem analytischen Verstand, aber ein schlechter Praktiker.
- *Stunden des Hundes, 19.00 bis 21.00 Uhr:* Aus zwei Hunden wird ein Weltverbesserer mit dem Zeug zum Revolutionär.
- *Stunden des Schweins, 21.00 bis 23.00 Uhr:* Ein Hund mit Neigung zur Doppelmoral. So brav und ehrwürdig, wie er vorgibt zu sein, ist er nämlich nicht.

Mancher Hund neigt zur Gemütlichkeit, ein anderer hat das Zeug zum kämpferischen Revolutionär.

Das Schwein

Das Schwein ist das zwölfte chinesische Mondzeichen.
Chinesischer Name: „Juo (Ju)"
Regierte Stunden: von 21.00 bis 23.00 Uhr
Festes Element: Wasser
Prinzip: Yin
Jahreszeit: Herbst
Westliches Sternzeichen: Skorpion

Schwein-Jahre und Elemente
22.01.1947–09.02.1948 ➞ Feuer
07.02.1959–27.01.1960 ➞ Erde
26.01.1971–14.02.1972 ➞ Metall
13.02.1983–31.01.1984 ➞ Wasser
30.01.1995–17.02.1996 ➞ Holz
16.02.2007–05.02.2008 ➞ Feuer
05.02.2019–24.01.2020 ➞ Erde

Das Schwein ist friedliebend, freundlich, kultiviert, sinnlich, großzügig, fürsorglich und tolerant. In negativer Ausprägung kann es unsicher, hilflos, streitsüchtig, leichtgläubig, verschwenderisch und gehässig sein.

Das Jahr des Schweins

Im Jahr des Schweins kann man sich entspannt zurücklehnen und genießen. Es sind ruhige und friedliche Jahre, in denen man angefangene Dinge zu Ende bringen kann. Die wirtschaftlichen Verhältnisse stabilisieren sich. Auf der politischen Ebene finden größere Auseinandersetzungen nur am Verhandlungstisch statt, schnelle Einigung in Sicht. Auf finanziellem Gebiet ist Vorsicht geboten, leichtgläubig kann man auf unseriöse Angebote hereinfallen. Geld steht jedoch in diesem Jahr nicht im Vordergrund. Privat festigen sich Beziehungen, Freundschaften werden geschlossen, wohltätige Zwecke unterstützt.

Die Schwein-Typen

Jedes der fünf Elemente bringt mit seinen typische Eigenschaften einen anderen Aspekt in die Persönlichkeit des Schwein-Geborenen mit ein und prägt so seinen Charakter.

Das Metall-Schwein, 1971, 2031

Ein sehr extrovertiertes Schwein, das in jeder Hinsicht ungeheure Kräfte entwickelt. Seine energievolle Vitalität zeigt sich auf allen Gebieten, als feurige Leidenschaft oder autoritäre Herrschsucht. Dabei wird es von sei-

Schweine sind kultiviert und sinnlich, neigen aber auch zur Unsicherheit und Streitsucht.

nem großen Ehrgeiz getrieben. Zu sehr auf seinen Ruf bedacht, verliert es zuweilen den Überblick über Freund und Feind. Auch mit seiner direkten Art stößt es nicht immer auf Anklang. In negativer Hinsicht können diese Schweine schnell ausfallend und ordinär werden.

Das Wasser-Schwein, 1923, 1983

Wasser- Schweine sind die absoluten Gutmenschen unter den Schweinen. Sie glauben daher auch unerschütterlich an das Gute im Menschen, selbst wenn die bösen Absichten der anderen schon deutlich zu erkennen sind. Doch nicht, weil sie sie selbst nicht erkennen können, sondern weil sie sie nicht sehen wollen. Denn mit ihren feinen Antennen können sie die Stimmungen anderer Menschen aufnehmen und sind daher als friedliche Berater bei schwierigen Verhandlungen jeder Art gern gesehen. Privat vergnügen sich diese Schweine gern auf Partys, denn sie lieben das schöne Leben.

Das Holz-Schwein, 1935, 1995

Hinter diesem Typ verbirgt sich wohl das sprichwörtliche „Glücks-Schwein“ mit einem großen, mildtätigen Herzen. Vertrauensvoll geht es durchs Leben und auf andere Menschen zu. Holz-Schweine sind auf fast allen Gebieten erfolgreich, sie kennen keine finanziellen Problem. Ihre Geschäfte laufen gut, da sie die Gabe haben, andere Menschen von etwas zu überzeugen und auch stets bestrebt sind, es allen recht zu machen. Von ihrem erwirtschafteten Wohlstand geben sie gern an andere ab.

Das Feuer-Schwein, 1947, 2007

Seite 239:
Das Erde-Schwein steht stets auf dem Boden der Tatsachen und packt jede günstige Gelegenheit für ein Geschäft beim Schopf.

Ein leidenschaftliches Feuer brennt in diesem Schwein. In ihm verbinden sich Entschlossenheit und Mut, so schreitet es zur Tat. Vertrauensvoll stellt es sich auch dem Unbekannten und ist abenteuerlustig zu allem bereit. Selbst größere Probleme schrecken ein Feuer-Schwein nicht von seinem Vorhaben ab. Und gern gibt es all sein Geld an seine Freunde weiter. Seine Familie geht ihm über alles, für sie opfert es sich gern auf.

Das Erde-Schwein, 1959, 2019

Ein Erde-Schwein genießt das Leben in vollen Zügen, es strotzt vor Lebenslust und Optimismus. Man möchte es gern zum Freund, Geliebten und Geschäftspartner haben. Es hat ein ausgesprochen gutes Händchen für Geschäfte und ist bereit, viel dafür zu investieren. Zielstrebig und hartnäckig verfolgt es jede Gelegenheit für einen guten „Deal“, angetrieben von Ehrgeiz und dem Wunsch nach Wohlstand. Denn letztlich wünscht es sich

nichts anderes als ein harmonisches und zufriedenes Leben im Kreis seiner Familie. Bei manchen dieser Typen schlägt das gute Leben auf die Figur.

Das Schwein im täglichen Leben

Schwein-Geborene sind äußerst liebenswerte Vertreter des Tierkreises, die das Glück auf ihrer Seite haben, auch wenn es nicht immer danach aussieht. Ihre besonderen Eigenschaften sind Großzügigkeit, Ehrlichkeit, Hilfsbereitschaft und Gutmütigkeit. Das führt zuweilen dazu, dass sie von falschen Freunden ausgenutzt oder enttäuscht werden. Für die sensiblen Schweine ist das sehr verletzend, doch nach kurzem Rückzug versuchen sie es erneut. Ihr Idealismus ist schwer zu erschüttern. Sie haben wenig Freunde, weil sie es mit der Wahrheitsliebe manchmal übertreiben, doch ihre wenigen Freunde können sich absolut auf sie verlassen. Hervorzuheben ist auch ihr friedliebendes Wesen, das sie so mancher Auseinandersetzung aus dem Weg gehen lässt, auch wenn sie notwendig wäre. Andererseits – wenn sie ihre Meinung durchsetzen wollen, können sie das wortreich und aggressiv. Oft scheinen sie schwach und unsicher zu sein, doch kann sich hinter dieser Fassade ein ehrgeiziger und starker Wille verstecken. Schweine sind wissbegierig und gebildet, sie lieben das schöne Leben, besonders das Kulinarische. In der Liebe sind sie romantisch, treu und fürsorglich.

Mit der Berufswahl tun sich Schweine zuweilen schwer. Ihr Ehrgeiz und der Wunsch nach Anerkennung der erbrachten Leistung hindern sie. Auf Schule, Studium oder Lehrzeit würde das Schwein auch gern verzichten und sofort Karriere machen, bei möglichst wenig Arbeitsaufwand. Ist es dagegen von einer Sache überzeugt, wird gearbeitet bis zum Umfallen und bis der Job beendet ist. Schweine können Juristen genauso sein wie Bauarbeiter, Ingenieure, Beamte oder selbstständige Kaufleute. Als Vorgesetzte stehen sie loyal hinter ihren Mitarbeitern, man kann sich auf ihre Hilfe verlassen.

Was Geld angeht, sind Schweine nicht gerade als Anlageberater geeignet. Sie gehen mit Geld eher sorglos um. Wenn sie welches haben, geben sie es aus, wenn sie keins haben, leben sie eben bescheidener. Besonders „Frustkäufe" sind bei ihnen möglich. Aber meist kommt schnell Nachschub, denn die Schweine haben das sprichwörtliche Glück auf ihrer Seite. Sei es ein Lottogewinn oder eine reiche Erbschaft, die ins Haus steht, schon sind die Kassen wieder gefüllt. Und dann zeigen sich Großzügigkeit und Hilfsbereitschaft des Schweins.

Seite 243:
Schweine sind sehr vital und haben eine gute Konstitution, die mit sportlicher Betätigung aufrecht erhalten werden kann.

Schwein-Geborene strotzen vor Vitalität und Tatkraft. So schnell haut sie nichts um. Einzig die labile Psyche bereitet manchmal Kummer und Befindlichkeitsstörungen. Da würde es helfen, sich körperlich zu betätigen und die Sorgen bei einer schweißtreibenden Sportart auszuschwitzen. Das kostet die bequemen Schweine zwar immer einige Überwindung, doch es zahlt sich aus, auch für die Figur.

In einer Partnerschaft kann man sich auf Schwein-Geborene verlassen, jedoch ist es nicht ganz einfach, sie zu einer festen Verbindung zu animieren. Die Schwein-Frau strahlt viel Sinnlichkeit aus, und mit ihrer charmanten und fröhlichen Art kommt sie beim anderen Geschlecht gut an. Sie verliebt sich schnell und gern, aber immer mit tieferem Hintergrund. Liebeleien mag sie nicht. Dennoch macht sie sich die Entscheidung schwer. Der Mann ihrer Träume sollte ein starker Beschützer sein und ihr Sicherheit bieten. Hin

und wieder muss er sich ihrem enormen Redebedürfnis stellen und einfach nur zuhören. Dafür entfaltet sie in der Beziehung mit ihm großzügig ihr fürsorgliches und zärtliches Wesen. Streitereien vermeidet sie, sie schlichtet lieber. In der Partnerschaft leben Schwein-Frauen ihre hausfraulichen Fähigkeiten aus. Sie sind tolle Gastgeberinnen und Köchinnen, die in geselliger Runde für eine fröhliche Unterhaltung sorgen. Als Mütter sind sie absolut liebenswert, und bei der Erziehung der Kinder drücken sie auch mal ein Auge zu, was Strenge angeht.

Der Schwein-Mann ist ein männlicher und ritterlicher Typ, der den Reizen des weiblichen Geschlechts kaum widerstehen kann. Doch auch er sucht dabei stets nach der Traumfrau, mit der er sein Leben verbringen will. Seine Entscheidung braucht Zeit, doch glaubt er, sie gefunden zu haben, will er mit ihr seine Ideen von einer gerechten Welt leben und sie auf Händen tragen. Ehrlichkeit und Treue spielen für ihn eine große Rolle. Er ist bereit, Kompromisse zu schließen und ihre Launen zu ertragen.

Wenn sich ein Schwein-Mann einmal für Ehe und Familie entschieden hat, steht er dazu und gibt alles dafür: ein Muster-Ehemann, dem die Familie alles bedeutet.

Das Schwein und die anderen Zeichen

Ratte:
Das geht ganz gut und ohne größere Streitereien vonstatten. Mit etwas Mühe kommen sie miteinander aus.
Büffel:
Diese Beziehung ist nicht für die Ewigkeit gemacht, aber dennoch ganz passabel.
Tiger:
Hier bestehen einige Gemeinsamkeiten, sogar emotional. Die Zusammenarbeit klappt gut.
Hase:
Eine vernünftige Verbindung, in der sich beide gut verstehen und füreinander da sind.

Drache:
Beruflich sind die beiden ein gutes Team. Privat respektieren sie einander zumindest.

Schlange:
Die Schlange ist der Erzfeind des Schweins. Hier gibt es keinerlei Anknüpfungspunkte.

Pferd:
Die beiden kommen miteinander aus, aber besonders interessant finden sie sich gegenseitig nicht.

Schaf:
Schaf und Schwein sind beide vom selben Schlag. Für sie kann es eine äußerst vielversprechende Verbindung sein.

Affe:
Die beiden tolerieren sich und teilen verschiedene Interessen. So lässt es sich zusammen leben und arbeiten.

Hahn:
Hier klappt es mit der Kommunikation nicht. Dennoch ist ein einträgliches Zusammensein möglich. Beruflich eine akzeptable Verbindung.

Hund:
Ein Hund ist ein guter Lebens- und Geschäftspartner für ein Schwein. Sie haben keine Konfliktpunkte.
Schwein:
Eigentlich sollten sie sich verstehen, aber zwei Schweine kämpfen unerbittlich um die Macht, und keines will nachgeben.

Das Schwein und seine Aszendenten

Die verschiedenen Aszendenten bewirken durch ihre Merkmale eine unterschiedliche Ausprägung der Charaktereigenschaften eines Schwein-Geborenen.

Geboren in den
- *Stunden der Ratte, 23.00 bis 01.00 Uhr:* Die Ratte unterstützt das offene Wesen des Schweins und hilft ihm, sein Geld gewinnbringend anzulegen.

- *Stunden des Büffels, 01.00 bis 03.00 Uhr:* Mit dem Büffel als Aszendenten verliert das Schwein seine Unbekümmertheit zugunsten von Zickigkeit und Voreingenommenheit.
- *Stunden des Tigers, 03.00 bis 05.00 Uhr:* Ein Schwein mit Organisationstalent, das durch den Tiger besonders emotional ist. Lässt sich leicht beeindrucken.
- *Stunden des Hasen, 05.00 bis 07.00 Uhr:* Ein berechnendes Schwein, das vor allem seine Bequemlichkeit im Sinn hat. Gibt sich umgänglich, ist es aber nicht immer.
- *Stunden des Drachen, 07.00 bis 09.00 Uhr:* Einerseits ein verantwortungsvolles, andererseits ein leichtgläubiges Schwein, in seinen Unternehmungen nicht immer erfolgreich.
- *Stunden der Schlange, 09.00 bis 11.00 Uhr:* Der Einfluss der Schlange macht das Schwein skrupellos.
- *Stunden des Pferdes, 11.00 bis 13.00 Uhr:* Ein Schwein mit Pferdenatur: mutig, kompromisslos und sich seiner Fähigkeiten bewusst.

- *Stunden des Schafs, 13.00 bis 15.00 Uhr:* Ein mildtätiges Schwein, das für andere alles tut und selbst dabei fast auf der Strecke bleibt.
- *Stunden des Affen, 15.00 bis 17.00 Uhr:* Der Affe öffnet dem Schwein die Augen und zeigt ihm, wie man clever durchs Leben kommt.
- *Stunden des Hahns, 17.00 bis 19.00 Uhr:* Dieses Schwein kämpft mit all seinen Kräften gegen Windmühlen. Dabei kommt nichts Profitables heraus.
- *Stunden des Hundes, 19.00 bis 21.00 Uhr:* Der Hund schärft Logik und Urteilsvermögen des Schweins. Es wehrt sich gegen seine Widersacher.
- *Stunden des Schweins, 21.00 bis 23.00 Uhr:* Ein Mensch mit vielen wunderbaren Eigenschaften, die er jedoch nicht recht einzusetzen weiß.

Der chinesische Kalender 1934–2020

In der folgenden Tabelle finden Sie eine Aufstellung der Geburtsjahre im chinesischen Tierkreis sowie des jeweils herrschenden Elements.

Hund	14.02.1934 – 02.02.1935	➡	Holz	Yang
Schwein	03.02.1935 – 23.01.1936	➡	Holz	Yin
Ratte	24.01.1936 – 10.02.1937	➡	Feuer	Yang
Büffel	11.02.1937 – 30.01.1938	➡	Feuer	Yin
Tiger	31.01.1938 – 18.02.1939	➡	Erde	Yang
Hase	19.02.1939 – 07.02.1940	➡	Erde	Yin
Drache	08.02.1940 – 26.01.1941	➡	Metall	Yang
Schlange	27.01.1941 – 14.02.1942	➡	Metall	Yin
Pferd	15.02.1942 – 03.02.1943	➡	Wasser	Yang
Schaf	04.02.1943 – 24.01.1944	➡	Wasser	Yin
Affe	25.01.1944 – 11.02.1945	➡	Holz	Yang
Hahn	12.02.1945 – 01.02.1946	➡	Holz	Yin
Hund	02.02.1946 – 21.01.1947	➡	Feuer	Yang
Schwein	22.01.1947 – 09.02.1948	➡	Feuer	Yin

Ratte	10.02.1948 – 28.01.1949	➡	Erde	Yang
Büffel	29.01.1949 – 15.02.1950	➡	Erde	Yin
Tiger	16.02.1950 – 05.02.1951	➡	Metall	Yang
Hase	06.02.1951 – 25.01.1952	➡	Metall	Yin
Drache	26.01.1952 – 13.02.1953	➡	Wasser	Yang
Schlange	14.02.1953 – 02.02.1954	➡	Wasser	Yin
Pferd	03.02.1954 – 23.01.1955	➡	Holz	Yang
Schaf	24.01.1955 – 10.02.1956	➡	Holz	Yin
Affe	11.02.1956 – 29.01.1957	➡	Feuer	Yang
Hahn	30.01.1957 – 17.02.1958	➡	Feuer	Yin
Hund	18.02.1958 – 06.02.1959	➡	Erde	Yang
Schwein	07.02.1959 – 27.01.1960	➡	Erde	Yin
Ratte	28.01.1960 – 14.02.1961	➡	Metall	Yang
Büffel	15.02.1961 – 04.02.1962	➡	Metall	Yin
Tiger	05.02.1962 – 24.01.1963	➡	Wasser	Yang
Hase	25.01.1963 – 12.02.1964	➡	Wasser	Yin
Drache	13.02.1964 – 02.02.1965	➡	Holz	Yang
Schlange	03.02.1965 – 20.01.1966	➡	Holz	Yin
Pferd	21.01.1966 – 08.02.1967	➡	Feuer	Yang
Schaf	09.02.1967 – 28.01.1968	➡	Feuer	Yin
Affe	29.01.1968 – 15.02.1969	➡	Erde	Yang
Hahn	16.02.1969 – 05.02.1970	➡	Erde	Yin
Hund	06.02.1970 – 25.01.1971	➡	Metall	Yang
Schwein	26.01.1971 – 14.02.1972	➡	Metall	Yin

Ratte	15.02.1972 – 02.02.1973	➡	Wasser	Yang
Büffel	03.02.1973 – 22.01.1974	➡	Wasser	Yin
Tiger	23.01.1974 – 10.02.1975	➡	Holz	Yang
Hase	11.02.1975 – 30.01.1976	➡	Holz	Yin
Drache	31.01.1976 – 17.02.1977	➡	Feuer	Yang
Schlange	18.02.1977 – 06.02.1978	➡	Feuer	Yin
Pferd	07.02.1978 – 27.01.1979	➡	Erde	Yang
Schaf	28.01.1979 – 15.02.1980	➡	Erde	Yin
Affe	16.02.1980 – 03.02.1981	➡	Metall	Yang
Hahn	04.02.1981 – 24.01.1982	➡	Metall	Yin
Hund	25.01.1982 – 12.02.1983	➡	Wasser	Yang
Schwein	13.02.1983 – 31.01.1984	➡	Wasser	Yin
Ratte	01.02.1984 – 18.02.1985	➡	Holz	Yang
Büffel	19.02.1985 – 08.02.1986	➡	Holz	Yin
Tiger	09.02.1986 – 28.01.1987	➡	Feuer	Yang
Hase	29.01.1987 – 16.02.1988	➡	Feuer	Yin
Drache	17.02.1988 – 05.02.1989	➡	Erde	Yang
Schlange	06.02.1989 – 25.01.1990	➡	Erde	Yin
Pferd	26.01.1990 – 13.02.1991	➡	Metall	Yang
Schaf	14.02.1991 – 02.02.1992	➡	Metall	Yin
Affe	03.02.1992 – 21.01.1993	➡	Wasser	Yang
Hahn	22.01.1993 – 09.02.1994	➡	Wasser	Yin
Hund	10.02.1994 – 29.01.1995	➡	Holz	Yang
Schwein	30.01.1995 – 17.02.1996	➡	Holz	Yin

Ratte	18.02.1996 – 06.02.1997	➡	Feuer	Yang
Büffel	07.02.1997 – 27.01.1998	➡	Feuer	Yin
Tiger	28.01.1998 – 15.02.1999	➡	Erde	Yang
Hase	16.02.1999 – 03.02.2000	➡	Erde	Yin
Drache	04.02.2000 – 24.01.2001	➡	Metall	Yang
Schlange	25.01.2001 – 12.02.2002	➡	Metall	Yin
Pferd	13.02.2002 – 02.02.2003	➡	Wasser	Yang
Schaf	03.02.2003 – 20.01.2004	➡	Wasser	Yin
Affe	21.01.2004 – 08.02.2005	➡	Holz	Yang
Hahn	09.02.2005 – 28.01.2006	➡	Holz	Yin
Hund	29.01.2006 – 15.02.2007	➡	Feuer	Yang
Schwein	16.02.2007 – 06.02.2008	➡	Feuer	Yin
Ratte	07.02.2008 – 25.01.2009	➡	Erde	Yang
Büffel	26.01.2009 – 13.02.2010	➡	Erde	Yin
Tiger	14.02.2010 – 02.02.2011	➡	Metall	Yang
Hase	03.02.2011 – 22.01.2012	➡	Metall	Yin
Drache	23.01.2012 – 09.02.2013	➡	Wasser	Yang
Schlange	10.02.2013 – 30.01.2014	➡	Wasser	Yin
Pferd	31.01.2014 – 18.02.2015	➡	Holz	Yang
Schaf	19.02.2015 – 07.02.2016	➡	Holz	Yin
Affe	08.02.2016 – 27.01.2017	➡	Feuer	Yang
Hahn	28.01.2017 – 15.02.2018	➡	Feuer	Yin
Hund	16.02.2018 – 04.02.2019	➡	Erde	Yang
Schwein	05.02.2019 – 24.01.2020	➡	Erde	Yin

Literaturhinweise

Chi An Kuei: Das große Buch der chinesischen Astrologie, München 2003

Danylink, Rita: Chinesisches Horoskop, Baden-Baden 1999

Das chinesische Horoskop. 12 Einzelbände: „Die Ratte" bis „Das Schwein", Wien 2007

Kubny, Manfred: Traditionelle Chinesische Astrologie, Heidelberg 2000

Lau, Theodora: Das große Buch der chinesischen Astrologie, Frankfurt am Main 2007

Tung Jen: Einführung in die chinesische Astrologie, München 1998

Sauer, Erika: Das Superbuch der Horoskope. Abendländische und chinesische Astrologie, München 2007

Weidner, Christopher A.: Chinesischer Mondkalender 2008, München 2007

White, Suzanne: Die chinesische Astrologie, München 1983

Bildnachweis

Shutterstock.com: Oleksil Abramov: S. 41; Vlad Ageshin: S. 232; ampower: S. 26; Ardelean Andreea: S. 137; Artifan: S. 120; Arvind Balaranan: S. 207; Charobnica: S. 13; Colette 3: S. 83; David Davis: S. 45; Alice Day: S. 159; Ariadna de Raadt: S. 35, 51, 69, 89, 107, 127, 147, 167, 185, 201, 219, 236; Pichugin Dimitry: S. 188; Doctor Kan: S. 21; Lorand Gelner: S. 210; Jose Gil: S. 195; Boon Kiat Heng: S. 9; Eric Iselée: S. 140; Ixd: S. 117; Javarman: S. 113; Konstantin Karchovsky: S. 52; Herbert Kratky: S. 92, 101; Holly Kuchera: S. 177; Viktoria Makarova (Vikarus): S. 153; Ricardo Miguel: S. 243; Flavia Morlachetti: S. 25; Pete Niesen: S. 16; Iv Nikolny: S. 239; Zsolt Nyulaszi: S. 97; Antonio V. Oquias: S. 59; Andy Poole: S. 73; Josef Prchal: S. 63; Gina Smith: S. 79; Studio_Chki: S. 227; Tonisalado: S. 172; Werg: S. 133